Bento Box

Psico-assaggi misti preparati durante la pandemia covid 19

Nicola Zavanella

A Domy
a cui la pandemia ha portato solo cose belle
tanto tempo trascorso insieme
e tante passeggiate nella natura

INDICE

Bento box:..9

1 Nighiri (andrà tutto bene)

1.1 andrà tutto bene? No, andrà tutto come andrà..........................12

1.2 se non possiamo andare fuori, andiamo dentro.........................16

2 Maki (la natura)

2.1 essere è sempre inter-essere...19

2.2 "Hozo" camminare nella bellezza...23

2.3 essere come il mare, essere come gli alberi..............................27

3 Gyoza (pensieri, emozioni, comportamenti)

3.1 non prendiamo troppo sul serio i nostri pensieri e noi stessi...29

3.2 I paletti che ci tengono fermi..33

3.3 La trappola della scimmia...36

3.4 Tra desiderio e paura..41

3.5 Come sei se questo è un bene? Come sai se questo è un male?..45

3.6 Come rimontare un copertone di bicicletta in caso di foratura..49

4 Pokè Bowl (con un sapore più "psico")

4.1 Uno sguardo alla teoria della personalità di Carl Rogers..................52

4.2 Genitori feriti-bambini feriti?..................62

4.3 L'origine della cattiveria?..................73

4.4 È un po' così la psicoterapia, è un po' così la nostra vita..................75

4.5 Elogio del fallimento (anche terapeutico)..................80

5 Yakitori (riflessioni libere)

5.1 Come si fa a spiegare il mare a chi lo guarda e vede solo acqua?..................84

5.2 Incontrarci e incontrarsi all'imbrunire..................86

5.3 L'accettazione che porta alla connessione..................90

5.4 Il corvo: quando l'amore trascende la morte..................93

5.5 La semplice complessità e la diversa uguaglianza..................98

5.6 Nostalgia: il dolore dolce/amaro del ritorno a ciò che fu..................101

6 Dumplings (qualche perla orientale)

6.1 Cosa dovrei fare per essere felice?..................106

6.2 Buddha e il lago..................109

6.3 L'invidia e il paradosso dello spaccapietre..................111

6.4 Quello che sono è sufficiente se solo riesco ad esserlo..................113

7 Ramen (non sprechiamo la nostra vita)

7.1 Irrequietezza..115

7.2 Per un domani ontologico...119

7.3 Sul desiderio: il giudizio universale e la sovversione della legge..123

Il biscotto della fortuna (Tsujiura senbey)..........................127

Bibliografia..129

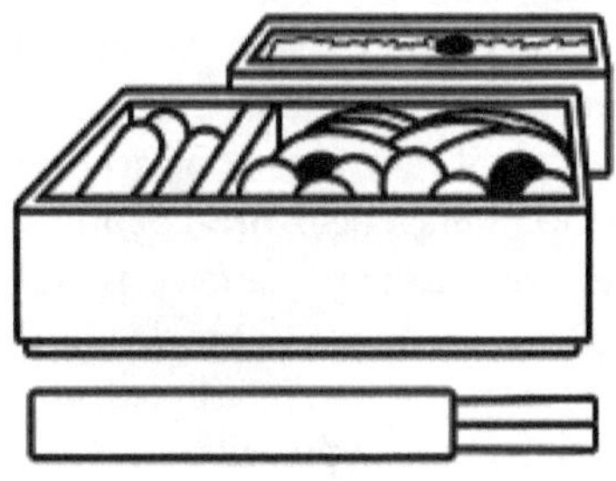

BENTO BOX

Per chi non lo sapesse, la bento box è una scatola con all'interno diversi scompartimenti e ognuno di essi contiene un assaggio di cibo tipico. È nata in Giappone dove viene utilizzata molto sia nel tempo libero, come una sorta di cestino da picnic in versione orientale, che nelle giornate lavorative, in particolare in quelle che prevedono spostamenti in treno; tant'è che i piccoli chioschi che si trovano nelle stazioni del Giappone sono sempre forniti di bento box, grandi o piccole, costose o economiche, semplici o ricercate. Così, non è inusuale vedere i giapponesi che si apprestano ad andare al parco durante la Sakura[1] portando con sé delle bento box che andranno a gustarsi in compagnia seduti sull'erba, circondati da meravigliosi alberi di ciliegio in fiore.
Lì saranno riscaldati dal tiepido sole primaverile mentre, in risposta ad ogni gentile soffio di vento che di tanto in tanto sopraggiungerà, avrà inizio una danza colorata e profumata di leggiadri petali rosa che volteggiando nell'aria daranno vita ad un'insolita quanto poetica nevicata primaverile.

---

[1] La fioritura dei fiori di ciliegio che avviene in primavera

Allo stesso modo, non è insolito vedere gli abitanti del Sol Levante salire sui loro Shinkansen[2] indossando completi interi eleganti, che rappresentano la loro tipica tenuta da lavoro, sempre portando con sé la bento. Anche quest'immagine ha il suo fascino secondo me, seppur decisamente meno poetica della precedente.

Queste scatole di assaggi fanno parte della cultura giapponese e, oltre a qualcuna di produzione più industriale, la maggior parte viene preparata artigianalmente, a mano, le si può infatti acquistare anche alle bancarelle del mercato dove è possibile assistere personalmente alla loro preparazione.

Mi ha sempre colpito vedere la cura con cui sono preparate, sono davvero belle anche da vedere, possono avere uno o più piani (come quella dell'illustrazione in copertina) e contenere diversi tipi di cibi in una quantità tale da trasmette un senso di equilibrio e di giusta misura. Il modo stesso in cui sono disposti i cibi invoglia a consumarli lentamente, gustandoli appieno. Sono perlopiù cibi salati, ma in piccola percentuale si trova a volte anche qualcosa di dolce, ma mai troppo dolce.

Tutte queste preparazioni sono diverse ma condividono anche una sorta di profumo e gusto di base che le accomuna, quindi, ognuna possiede la propria personalità pur mantenendo aspetti condivisi con le altre.

Questi sono stati un po' i motivi per cui al momento di dare il titolo a questo piccolo libro mi è venuta in mente proprio la bento box.

In questo caso la scatola è il libro e gli assaggi sono le riflessioni che troverete al suo interno. Sono state preparate con cura da me durante il periodo della pandemia che è stato un tempo in cui non potendo andare fuori sono "andato dentro" più spesso del solito e così facendo ho trovato più facilmente lo spazio per "preparare" qualcosa.

---

[2] Treni giapponesi velocissimi, puntualissimi e pulitissimi

In questa bento box c'è racchiuso un anno di vita particolare, sicuramente molto intenso nel bene e nel male, che nel suo essere stato in un certo senso claustrofobico è stato fortunatamente anche creativo e generativo.

Si tratta di una raccolta di articoli che hanno preso forma tra marzo 2020 e febbraio 2021. In certi casi, per contestualizzarne maggiormente alcuni, ho specificato anche il mese in cui sono stati scritti.

Detto questo…

…Come si mangia da una bento box? Come si vuole.

Non c'è un ordine preciso, non è obbligatorio assaggiare un cibo prima di prenderne un altro. La si può mangiare tutta o anche solo fare un piccolo spuntino assaggiando giusto quelle due cose che ci attirano di più.

Certi cibi saranno più sostanziosi e altri meno, certi più abbondanti e altri giusto un assaggino (nelle bento box le porzioni non sono tutte uguali) e ognuno condividerà qualcosa con gli altri pur avendo un suo sapore.

Quindi, servitevi in totale libertà come ne avete voglia, quanto ne avete voglia, dove ne avete voglia e quando ne avete voglia.

1

NIGHIRI

(ANDRÀ TUTTO BENE)

1.1 Andrà tutto bene? No, andrà tutto come andrà [3]

Quanto segue nasce dalla sensazione emotiva di irritazione che sto provando in questi giorni nell'essere continuamente bombardato dallo slogan "andrà tutto bene": alla tv, sui balconi, sui social…

Andate a dirlo a chi ha perso qualcuno a causa di questo virus che "andrà tutto bene" vediamo che effetto fa a queste persone sentirsi dare questa illusoria rassicurazione. Non è vero che andrà tutto bene e non è nemmeno vero che andrà tutto male. La verità è che non sappiamo come andrà, ma è una verità troppo scomoda per noi uomini del post moderno, noi che abbiamo bisogno di avere tutto sotto controllo, noi esseri umani dopati e iper performanti che respingiamo tutto ciò che sia dolore e sofferenza; noi che releghiamo la malattia e la morte nei reparti degli ospedali.

---

[3] Scritto a marzo 2020

Il detto "lontano dagli occhi lontano dal cuore" non è mai stato così vero come in questo periodo!

È troppo scomodo per l'uomo della nostra era stare in questa posizione di sospensione, nell'incertezza, nella paura e nell'angoscia che tutto questo genera; e allora cosa facciamo? facciamo come gli struzzi e mettiamo la testa sotto la sabbia di fronte alla minaccia e ce ne usciamo con questo fantastico slogan "andrà tutto bene". Andrà tutto bene un cavolo! Magari per qualcuno andrà tutto bene e per qualcun altro no e per qualcun'altro ancora andrà in parte bene e in parte male.

L'unica cosa che sappiamo è che c'è qualcosa che possiamo fare: fare la nostra parte e quindi fare il possibile perché tutto possa andare, per quanto possibile, bene, ovvero: attenerci alle indicazioni dell'organizzazione mondiale della sanità e quindi non uscire se non per reali necessità, usare i dispositivi protettivi e così via.

La verità, che come struzzi molti di noi non vogliono vedere, è che siamo di fronte ad una minaccia subdola, invisibile, che ci ha colto impreparati e verso la quale non abbiamo una cura certa.

Perlopiù brancoliamo nel buio, ci arrabattiamo come possiamo, qualche volta troviamo qualcosa che funziona (come ad esempio nel caso del farmaco anti reumatoide che si è dimostrato efficace su qualche persona) ma purtroppo, ad oggi, siamo molto lontani dal capire i meccanismi patogeni sottostanti e quindi dal trovare una cura scientificamente provata ed efficace.

Capisco che l'intento dello slogan "andrà tutto bene" è probabilmente quello di dare speranza e rassicurazione; in parte lo posso anche apprezzare ma a mio avviso una rassicurazione infondata è una rassicurazione illusoria, non basata sulla realtà dei fatti e quindi, per quanto mi riguarda, ne faccio volentieri a meno.

Tra l'altro, credo che questo slogan possa avere potenzialmente anche l'eventuale effetto collaterale di incentivare l'irresponsabilità di certe persone a mio avviso già irresponsabili verso sé stesse e verso gli altri: quelli che se ne fregano e vanno a farsi la passeggiata in compagnia come se nulla fosse e senza reali necessità, quelli che fanno i party in gruppo chiamandoli corona party, quasi a sfidare la minaccia del virus in un'ottica tardoadolescenziale fuori tempo. Si, perché alle orecchie di costoro, un messaggio del genere potrebbe suonare come ulteriore invito a prendere sottogamba quello che sta accadendo.

Questa piccola riflessione vuole essere un invito a rimanere con i piedi per terra, a non cadere nella negazione e tanto meno nell'onnipotenza, perché non siamo onnipotenti, siamo umani e quindi anche fragili e vulnerabili.

Questo messaggio non vuole gettare un'ombra di pessimismo, ma invitare ad un'osservazione lucida e realistica di ciò che stiamo vivendo e di come stiamo rispondendo a tutto questo.

Personalmente credo nella speranza e nella resilienza[4] di noi esseri umani. Se non fosse così non riuscirei a svolgere il mio lavoro di psicoterapeuta, ne verrebbero meno i presupposti fondamentali. Ritengo infatti che tutto il mio lavoro si basi, in ultima analisi, proprio su questa fiducia nella tendenza attualizzante[5] che è presente in ogni essere vivente.

Quindi, il mio invito è quello di togliere la testa da sotto la sabbia, guardare in faccia la realtà senza abbellirla con rassicurazioni illusorie e senza farsi prendere dai fantasmi della paura e del panico, collaborare al massimo rispettando

---

[4] La capacità di un individuo di affrontare e superare un evento traumatico o un periodo di difficoltà.

[5] Termine coniato da Carl Rogers col quale si intende la capacità intrinseca in ogni organismo di orientarsi selettivamente verso il completamento e l'attualizzazione delle proprie potenzialità.

le indicazioni che ci vengono fornite e fare l'unica cosa che è in nostro potere fare per far si che tutto possa andare, per quanto possibile, bene, ovvero mantenere un comportamento responsabile e rispettoso della nostra vita e di quella degli altri.

1.2 Se non possiamo andare fuori, andiamo dentro[6]

Stiamo vivendo un momento di crisi sotto svariati fronti ma, come ogni crisi, anche potenzialmente molto fecondo. Questa può essere l'occasione per chiederci se fino ad oggi abbiamo vissuto in un modo che ci soddisfaceva davvero ed esprimeva profondamente noi stessi oppure no, il momento per porsi la domanda:

"la vita che stavo facendo prima di questo stop forzato dato dalla quarantena era davvero la vita che desideravo?"

Una domanda la cui risposta prevede una buona dose di onestà e coraggio.
Spesso viviamo come se avessimo il pilota automatico inserito e quando ciò accade questa domanda non è possibile porsela o comunque tende a scivolare sullo sfondo e a perdersi. Vivere in questa modalità automatica senza mai fermarsi un attimo diventa un meccanismo di difesa, un automatismo che mettiamo in atto inconsciamente quindi al di fuori dalla nostra consapevolezza.

E da cosa ci difende questo meccanismo?

Ci difende dal conflitto interiore che alberga in noi.

Perché pur di non confrontarci con aspetti nostri e della nostra vita che ci sarebbero scomodi da osservare siamo disposti a tutto, a non fermarci un secondo, a raccontarci che tanto a noi va bene così, ma soprattutto siamo disposti a non sentire e a non ascoltarci più.

---

[6] Scritto a marzo 2020

Non ascoltiamo più quella parte di noi che non sappiamo ormai più come gestire perché l'abbiamo lasciata sola ed inascoltata per troppo tempo, quella parte che ha bisogni e desideri che nel nostro presente non trovano spazio o non ne trovano a sufficienza.
Il fatto di non sentire e di perdere contatto con questa parte rappresenta il nostro modo illusorio di risolvere il conflitto interiore.

Nessun turbamento, quindi, tutto a posto, no?

Ma il prezzo da pagare è molto alto, come possiamo ben immaginare.
Il prezzo è quello accumulare nevrosi e risentimento nei confronti di qualcuno o nei confronti della vita stessa proprio per tutta quella vita che non abbiamo vissuto per via del fatto che non ci siamo ascoltati; il che si traduce poi in pesanti rimpianti e sintomi di ogni tipo.
Immagino che per tutti noi non sia facile attraversare questo periodo, questi giorni di pausa e di reclusione che non di rado si riempiono delle più subdole ansie, paure e angosce stimolate dall'emergenza sanitaria in atto. C'è da considerare poi che spesso tutto questo va a sommarsi a già preesistenti stati ansiosi o depressivi, finendo così per creare un sovraccarico emotivo che può farci sentire come schiacciati; qualcosa che davvero può farci mancare il fiato sia simbolicamente che fisicamente anche se i nostri polmoni godono di buona salute.

E se provassimo a vivere questi giorni come se fossero una scelta?

Non mi riferisco al vivere come una scelta l'emergenza che stiamo vivendo e tanto meno le tragedie che tanti di noi stanno attraversando, intendo dire: se provassimo a vivere questa pausa come un momento per fare i conti con noi e con la nostra vita, per guardarci allo specchio con onestà e accettazione? Forse potremmo scoprire qualcosa di nuovo e forse con quel qualcosa di nuovo potremmo dare una nuova direzione e forma al nostro essere al mondo. Perché tutto questo passerà e quando tutto sarà passato starà a noi scegliere se cambiare qualcosa nella nostra vita, perché anche quella passa.

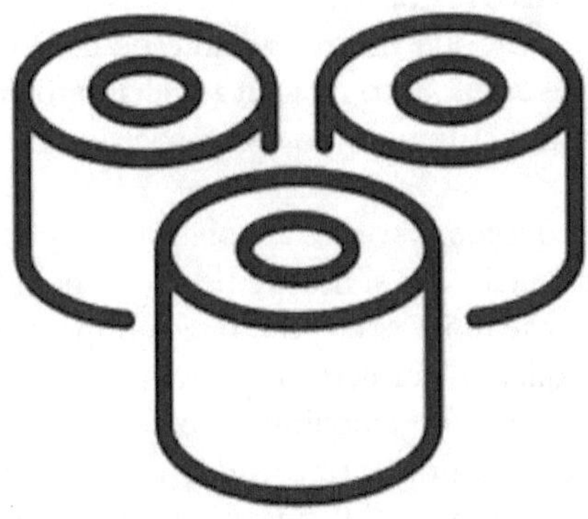

2
Maki
(LA NATURA)

2.1 Essere è sempre inter-essere

Quello che ad oggi possiamo osservare è un'ulteriore evidenza che modificando una parte di questo sistema interconnesso se ne modificando conseguentemente anche tutte le altre.

Lo vediamo bene in questi giorni in cui l'aver cambiato le nostre abitudini per via della pandemia ha comportato dei cambiamenti sull'ambiente che a loro volta hanno comportato cambiamenti nei comportamenti degli animali e questi a loro volta comporteranno altri cambiamenti sull'ambiente ancora e così via.

Tutto è in una relazione circolare e costante con tutto; ad ogni cosa ne corrisponde e consegue un'altra e viceversa.

È così che si creano i circoli viziosi che creano sofferenza in noi e nel mondo, ma anche quelli virtuosi che ci consentono di crescere e fiorire sentendo e trasmettendo gioia e vita intorno a noi.

Questo penso sia vero dalle dimensioni più particolari e focalizzate della nostra vita fino a quelle più generali ed ampie; dalle profonde dinamiche interne di personalità, alle relazioni, alla società, fino ad arrivare all'intero ecosistema. Il tutto in un'ottica sistemica bio-psico-sociale.

Quello che succede intorno a noi si muove con le stesse dinamiche di quello che si muove dentro di noi e viceversa. Facciamo un esempio: forse, durante o dopo aver terminato la lettura di quanto qui scritto, potrebbero generarsi in voi dei pensieri e/o delle emozioni che potrebbero portarvi a intraprendere (o a non intraprendere) determinate azioni e quelle azioni (o non azioni) potrebbero poi avere un effetto su determinate situazioni o persone e quell'effetto potrebbe poi propagarsi ancora e ancora come una sorta di effetto domino che ha sua volta potrebbe avere una conseguenza su di voi e così via...
Facciamo tutti parte di un unico organismo nel quale siamo tutti importanti e nel quale possiamo fare sempre la nostra parte.

Riporto questa illuminante riflessione di Tich Nhat Hanh [7]sull'inter-essere:

"All'occhio di un poeta, non sfugge certo che in questo foglio di carta c'è una nuvola. Senza la nuvola, non c'è pioggia; senza pioggia, gli alberi non crescono; e senza alberi, non si può fare la carta. La nuvola è indispensabile all'esistenza della carta. Se non ci fosse la nuvola, non ci sarebbe nemmeno il foglio di carta.

---

[7]Hanh, T.N. (1993) La pace è ogni passo. La via della presenza mentale nella vita quotidiana. Astrolabio Ubaldini

Quindi possiamo dire che la nuvola e la carta inter-sono. Il verbo 'inter-essere' non è ancora riportato dal dizionario; ma unendo il prefisso 'inter' e il verbo 'essere' otteniamo una parola nuova: inter-essere. Se spingiamo più a fondo il nostro sguardo, vedremo nel foglio di carta anche la luce del sole. Senza luce del sole le foreste non crescono. In realtà, senza luce del sole non cresce nulla. Ecco perché in questo foglio di carta splende il sole. La carta e il sole inter-sono.

Continuiamo a guardare: ecco il taglialegna che ha abbattuto l'albero e l'ha portato alla cartiera dove lo trasformano in carta. E c'è anche il grano. Sappiamo che il taglialegna deve la sua esistenza al suo pane quotidiano, quindi in questo foglio di carta c'è anche il grano con cui è fatto il pane del taglialegna. E ci sono pure il padre e la madre del taglialegna.

Questo modo di guardare ci fa capire che senza tutte queste cose il foglio di carta non esisterebbe. Se andiamo ancora più a fondo, vedremo che nel foglio ci siamo anche noi. Non è difficile capire perché: il foglio di carta, quando lo guardiamo, è un elemento della nostra percezione. La vostra mente è lì dentro, e anche la mia. Quindi si può dire che in questo foglio di carta c'è tutto. Non manca nulla: tempo, spazio, terra, pioggia, minerali, luce del sole, nuvola, fiume, calore. Tutto coesiste in questo foglio. Ecco perché 'inter-essere' dovrebbe comparire nei dizionari. 'Essere' è inter-essere. Non possiamo essere da soli, per conto nostro. Dobbiamo 'inter-essere' con tutto il resto. Questo foglio di carta è perché è tutto il resto.

Immaginiamo per un attimo di riportare alla fonte uno degli ingredienti. Immaginiamo di restituire la luce del sole al sole. Credete che il foglio di carta esisterebbe ancora? No, senza luce solare non può esistere nulla. E se restituissimo il taglialegna a sua madre, nemmeno allora ci sarebbe il foglio di carta. In realtà, questo foglio di carta è fatto interamente di 'non-carta'. Se riportassimo alla fonte tutti gli elementi di non-carta, non resterebbe proprio nessuna carta. Senza non-carta — ossia mente, taglialegna, luce del sole e via dicendo — niente carta. Questo foglio così sottile racchiude in sé tutto l'universo".

Trovo questa riflessione di Tich Nhat Hanh di una semplicità e allo stesso tempo di una complessità sconvolgente.

Che facciamo? Rimaniamo ciechi o guardiamo in profondità?

2.2 "Hozo": camminare nella bellezza

Ho sempre sentito il bisogno di uscire di casa per andare nella natura. Che si tratti di immergermici completamente avventurandomi in un bosco, ma anche semplicemente di passeggiare costeggiando il lago o il mare, oppure di camminare al cospetto di una montagna che svetta nel cielo. Questa spinta ad oggi la sento ancora di più. Credo che si sia così per diversi fattori, qualcuno più interno e personale e qualcun altro più esterno e situazionale, probabilmente collegato anche al fatto che la pandemia mi ha costretto, come tutti, ad una clausura forzata.

Proprio in virtù del fatto che recentemente questa spinta si sia fatta più intensa mi sono fatto delle domande e mi sono chiesto, ad esempio, cosa mi porta ad uscire in bici con una temperatura di 3 gradi per entrare in un bosco ghiacciato, cosa mi ha portato in questi anni a viaggiare per l'Italia e anche fin dall'altra parte del mondo per ammirare le meraviglie della natura…
…cosa mi ha portato a volte a calcolare il movimento del sole per poter essere proprio in quella spiaggia esattamente nel momento in cui nasce, oppure tramonta, per poter partecipare a quello spettacolo che si dispiega in un silenzio così ricolmo di significato…un significato che sfugge, ma che al tempo stesso è un saldo ancoraggio interno che si fa sentire in tutta la sua potenza.

"Il silenzio è un dono universale che pochi sanno apprezzare. Forse perché non può essere comprato. I ricchi comprano rumore. L'animo umano si diletta nel silenzio della natura, che si rivela solo a chi lo cerca" Charlie Chaplin

Ho poi ampliato queste domande generalizzandole perché, se non sono l'unico a sentire il bisogno di andare nella natura, e naturalmente non lo sono, significa che dev'esserci un senso, forse qualcosa che ci riguarda tutti, un qualcosa che accomuna tutti gli esseri umani e che li spinge a cercare questo contatto; qualcosa di universale e archetipico che ci chiama; una chiamata alla quale ognuno risponde, chi più e chi meno, in base alla propria sensibilità.

E quindi, cos'è ci fa cercare il contatto con la natura? E cos'è che fa si che molti di noi riescano a trarre essa un senso di pace, di rilassamento e anche di meraviglia?

Purtroppo o fortunatamente non ci sono risposte dirette ed esaustive a queste domande ma voglio condividere qualche libero pensiero.

La natura ha a che fare con il disvelamento perché ogni volta che parliamo di natura parliamo di verità. In natura quello che è, naturalmente appare; nessuna finzione, nessun inganno. Il contatto con la natura diviene così una delle primarie fonti di autenticità in quanto si manifesta a noi con tutte le sue caratteristiche, sfaccettature e colori esattamente per quello che è. Viene così a cadere la famigerata dicotomia apparenza/essenza e l'apparenza è essa stessa, al contempo, essenza.
E noi che viviamo nella cultura dell'apparenza abbiamo un grandissimo bisogno di tornare all'essenza e all'autenticità delle cose, come di noi stessi perché quanto più ci allontaniamo dalla nostra natura interna tanto più perdiamo quella verità che troviamo nella natura che ci circonda.
Forse è anche per questo che stare nella natura diventa per noi così rilassante, rigenerante, fonte di pace e quiete che scorre dall'esterno all'interno e viceversa…

Ma la natura, d'altro canto, può anche risultare angosciante; non esistono solo vallate morbide e fiabesche o boschi che sembrano usciti da un romanzo fantasy, esistono anche cascate violente che tutto travolgono, guglie rocciose appuntite e minacciose come artigli, vertiginosi precipizi che sembrano impersonificare il baratro della nullificazione esistenziale.

La natura tanto può aprire il nostro animo e il nostro respiro quanto altrettanto può darci come un senso di chiusura e soffocamento.

Il punto è che noi come esseri umani siamo anche quella natura, apparteniamo a quella realtà anche se siamo in grado di elevarci come al di sopra di essa attraverso la consapevolezza e la coscienza (cosa che a quanto pare è facoltà nostra esclusiva).

E così, l'incontro profondo con la natura trascende e diviene in qualche modo anche l'incontro con sé stessi e con la propria natura.

A proposito di questo parallelismo, Jung scrive:

'L'anima vostra è bisognosa perché il suo mondo è inaridito. Se guardate fuori di voi vedrete il bosco lontano, i monti e ancora più in alto il vostro sguardo si aprirà agli spazi siderali. E se guardate dentro di voi vedrete anche qui cose vicine, lontane e infinite perché il mondo interiore è altrettanto infinito di quello esterno. Allo stesso modo in cui, tramite il vostro corpo, partecipate della natura multiforme del mondo, così tramite l'anima vostra partecipate della natura multiforme del mondo interiore. Questo mondo interno è davvero infinito e per nulla più povero di quello esterno. L'essere umano vive contemporaneamente in due mondi. Chi è folle vive qui o là, mai però sia qui che là"

Un altro aspetto rasserenante della natura è la sua universalità. Come diceva Terzani[8] nel suo ultimo libro:

"la sua immensa bellezza è lì per tutti. Nessuno può pensare di portarsi a casa un'alba o un tramonto"

Questo mette tutti sullo stesso piano, crollano distinzioni sociali, ruoli, status e in qualche modo ci viene data la possibilità di sentirci appartenenti ad un'unica grande famiglia perché la luna che osserviamo nei nostri cieli, in grado anche di farci sognare, è la stessa che viene sfiorata dallo sguardo di un poeta o di un bambino che abitano dall'altra parte del mondo, a Tokio come a San Francisco.
"Hozho" in lingua Navajo significa "camminare nella bellezza". Questa parola viene usata per descrivere l'esperienza di totale connessione con la natura, quel senso di compenetrazione tra la bellezza che ci circonda e la bellezza interiore, proprio di chi raggiunge uno stato di armonia con gli altri esseri animati e inanimati. "Hozho" indica la bellezza intesa come equilibrio, armonia tra il tutto e le sue parti. È una parola che rimanda all' "ordine naturale" in senso sia spaziale, quindi degli elementi nel loro luogo naturale attraverso i quali orientarsi per trovare il centro del proprio essere, sia temporale nel susseguirsi delle stagioni, intese anche come stagioni della vita

"Lo scopo supremo della vita è accordare il battito del tuo cuore al battito dell'Universo, accordare la tua natura alla Natura..." Joseph Campbell

---

[8] Terzani, T. (2004) Un altro giro di giostra. Longanesi

2.3 Essere come gli alberi, essere come il mare

"Sono come la pianta che cresce sulla nuda roccia: quanto più mi sferza il vento tanto più affondo le mie radici" Proverbio Indiano

Mi piace osservare gli alberi, credo possano insegnarci tanto. Ci insegnano che possiamo essere flessibili e radicati allo stesso tempo, che per continuare a fiorire abbiamo bisogno di lasciare andare ciò che ha fatto il suo corso, che non possiamo essere diversi dalla nostra autentica essenza, che possiamo accogliere il cambiamento delle stagioni della nostra vita senza opporre resistenza, che la vita trova sempre una via, e molto altro ancora.

Se sono una ghianda il mio destino sarà quello di divenire una quercia unica ed irripetibile nella sua specificità, non potrò allontanarmi da questa mia natura se non ad un prezzo molto alto in termini di sofferenza. L'albero diviene semplicemente ciò che è.

L'albero è radicato, più i suoi rami sono alti e più le sue radici sono profonde, vibra flessibile al vento senza opporvisi pur mantenendo un saldo radicamento col suolo, non trattiene le foglie che hanno fatto il loro corso, accetta le stagioni ed il loro continuo fluire cambiando con esse, non compete con l'albero che gli sta a fianco, non si oppone alla sua stessa natura ed è capace di crescere anche su di una roccia.

Anche noi possiamo essere come gli alberi.

E anche come il mare…

rispetto a questo riporto qui una piccola storia che ci parla di cosa significhi fare spazio alla sofferenza e al dolore; di quanto questo sia importante per non rimanere prigionieri di ciò che ci accade ed ampliare così il nostro lo sguardo.

Un uomo si sentiva perennemente oppresso dalle difficoltà della vita e se ne lamentò con un famoso maestro spirituale "Non ce la faccio più! Questa vita mi è insopportabile". Il maestro prese una manciata di cenere e la lasciò cadere in un bicchiere pieno di limpida acqua da bere che aveva sul tavolo, dicendo: "Queste sono le tue sofferenze". Tutta l'acqua del bicchiere si intorbidì e s'insudiciò e il maestro la buttò via. Poi prese un'altra manciata di cenere, identica alla precedente, la fece vedere all'uomo, si affacciò alla finestra e la gettò nel mare. La cenere si disperse in un attimo e il mare rimase esattamente come prima. "Vedi?" spiegò il maestro "ogni giorno devi decidere se essere un bicchiere d'acqua o il mare".

Nel nostro cammino di esseri umani spesso ci imbattiamo in ostacoli più o meno grandi, ma la misura con cui questi riescono a influenzare e a modificare la qualità della nostra vita dipende dal modo in cui noi ci poniamo difronte ad essi. Ricordiamoci che possiamo scegliere di essere come gli alberi e come il mare.

3

GYOZA

(PENSIERI, EMOZIONI, COMPORTAMENTI)

3.1 Non prendiamo troppo sul serio i nostri pensieri e noi stessi

Guardiamo la fotografia che segue…

...insolita no?

Qualcosa non quadra... In effetti tutto sembra essere coerente, se non fosse per quel palloncino fatto con la gomma da masticare e forse anche per la posizione leggermente a lato della testa.
La luce e lo sfondo cupo si sposano bene con il senso di pesantezza che trasmette l'abito in velluto scuro. È un abito stretto che nella parte superiore sembra calzare quasi come un guanto...
...la zona del ventre poi sembra quasi non concedere nemmeno la possibilità di movimento al diaframma e quindi la possibilità di un respiro ampio sembra essere preclusa, mentre il velluto continua aderente ad avvolgere tutto il corpo fin su in cima a raggiungere quasi l'estremità del collo. Il tutto rinforzato e reso ancora più statico dalla postura rigida e composta, nonché dall'espressione del viso che ha in sé della durezza.
Ora, con la fantasia, proviamo togliere gli elementi insoliti e quindi a raddrizzare la testa della ragazza e a levare il palloncino fatto con la gomma da masticare; adesso tutto quadra, tutto torna ad essere familiare.
Credo che alcuni pensieri che abbiamo su di noi e sulla nostra vita potrebbero essere in un certo senso rappresentati metaforicamente da questa immagine così modificata in cui tutto quadra ed è familiare.

Penso che alcuni nostri pensieri possano condividere con essa determinate caratteristiche, ad esempio: possono essere idee, convinzioni e pensieri rigidi, vecchi (nel senso che vengono da un tempo lontano, magari anche dalla nostra infanzia), possono essere pensieri seriosi, duri, austeri, cupi, intransigenti, ed essere allo stesso tempo paradossalmente rassicuranti perché familiari ai nostri occhi perché li conosciamo bene.

Certi possono riguardare noi, come ad esempio: "io sono fatto così…", alcuni possono riguardare gli altri o il mondo in generale, tipo: "le altre persone sono fatte così / il mondo è fatto cosà…", altri ancora possono riguardare noi in relazione agli altri e al mondo, ad esempio: "non serve a nulla che io faccia così, perché tanto gli altri…perché tanto la vita…" e così via.

Anche le nostre preoccupazioni, paure ed ansie rispetto a quello che potrebbe accadere di spiacevole nel futuro possono avere queste caratteristiche (questo aspetto lo stiamo in particolar modo toccando con mano tutti noi in questi giorni nei quali il coronavirus è arrivato a spazzare via buona parte delle nostre certezze).

Forse, avere parecchi pensieri di questo tipo, ma soprattutto dare credito a pensieri di questo tipo e prenderli quindi come delle verità su di noi, sul mondo, su quello che avverrà è qualcosa che può davvero finire col farci sentire come stretti in un abito scuro pesante e aderente nel quale diventa difficile respirare liberamente, un abito che stringe come l'ansia, un abito nel quale la pancia, lo stomaco e la gola sono costretti, un abito che può farci sentire profondamente a disagio, anche se a volte non riusciamo nemmeno a sentirlo quel disagio o cerchiamo di scacciarlo, oppure facciamo finta che non ci sia.

E ora torniamo per un attimo all'immagine così com'è nella foto, con il palloncino, e immaginiamoci, come fosse un filmato, che la ragazza gonfi il palloncino fino a farlo scoppiare e che poi si lasci andare rilassata in una risata nella quale tutta quella rigidità e quell'aria austera si sciolgono in un sorriso, lasciando spazio alla sua autenticità e alla sua calorosa umanità.

Forse, come lei in questa versione immaginata, possiamo provare anche noi ad allentare la presa, a lasciare andare e venire certi pensieri e certe idee che ci portiamo dietro, senza farci la lotta, senza aggrapparci a loro.

Possiamo provare a rilassarci tonando alla realtà, alla semplicità delle piccole cose della vita e al piacere e alla pace che da esse ne può derivare. Se ci accorgiamo che siamo a disagio a causa della nostra rigidità possiamo anche noi provare ad ammorbidirci e, ogni volta che sentiamo che stiamo prendendo qualche pensiero troppo sul serio o che ci stiamo prendendo troppo sul serio, "fare scoppiare il nostro palloncino di chewing gum".
Se non possiamo scegliere se avere o non avere certi pensieri, coltivando la consapevolezza e diventando osservatori attenti del nostro mondo interno, possiamo scegliere quanto credere a quei pensieri, quanto dargli credito, quanto prenderli sul serio.

Se prendiamo troppo sul serio i nostri pensieri corriamo il rischio che siano loro ad avere noi, non noi ad avere loro e quindi che siano loro a decidere per noi, a guidare la nostra vita, il che sarebbe davvero molto triste.

3.2 I paletti che ci tengono fermi

Riporto qui sotto uno stralcio tratto da "Déjame que te cuente" di Jorge Bucay:[9]

"Quando ero piccolo adoravo il circo, ero attirato in particolar modo dall'elefante che, come scoprii più tardi, era l'animale preferito di tanti altri bambini.

Durante lo spettacolo faceva sfoggio di un peso, una dimensione e una forza davvero fuori dal comune…ma dopo il suo numero, e fino ad un momento prima di entrare in scena, l'elefante era sempre legato ad un paletto conficcato nel suolo, con una catena che gli imprigionava una delle zampe. Eppure il paletto era un minuscolo pezzo di legno piantato nel terreno soltanto per pochi centimetri. E anche se la catena era grossa mi pareva ovvio che un animale del genere potesse liberarsi facilmente di quel paletto e fuggire.

Che cosa lo teneva legato? Chiesi in giro a tutte le persone che incontravo di risolvere il mistero dell'elefante; qualcuno mi disse che l'elefante non scappava perché era ammaestrato… allora posi la domanda ovvia: "Se è ammaestrato, perché lo incatenano?" Non ricordo di aver ricevuto nessuna risposta coerente.

Con il passare del tempo dimenticai il mistero dell'elefante e del paletto. Per mia fortuna qualche anno fa ho scoperto che qualcuno era stato tanto saggio da trovare la risposta: l'elefante del circo non scappa perché è stato legato a un paletto simile fin da quando era molto, molto piccolo.

Chiusi gli occhi e immaginai l'elefantino indifeso appena nato, legato ad un paletto che provava a spingere, tirare e sudava nel tentativo di liberarsi, ma nonostante gli sforzi non ci riusciva perché quel paletto era troppo saldo per lui, così dopo vari tentativi un giorno si rassegnò alla propria impotenza.

---

9 Bucay, J (2016) Déjame que te cuente. Ed Bolsillo

L'elefante enorme e possente che vediamo al circo non scappa perché crede di non poterlo fare: sulla sua pelle è impresso il ricordo dell'impotenza sperimentata e non è mai più ritornato a provare… non ha mai più messo alla prova di nuovo la sua forza… mai più!"

Anche noi a volte viviamo come l'elefante, rimanendo attaccati ai nostri paletti pur avendo, in potenza, la possibilità e la forza per essere liberi. Da cosa sono costituiti questi paletti? Da tutti i condizionamenti che abbiamo appreso nella nostra vita e dalle convinzioni erronee che abbiamo sviluppato su noi stessi. Rogers[10] direbbe che questi paletti rappresentano i nostri costrutti[11], dai quali deriva il nostro modo di costruire e decodificare l'esperienza e il nostro concetto di Sé[12].

---

[10]   Rivoluzionario psicoterapeuta del secolo scorso, fondatore dell'Approccio Centrato sulla Persona

[11] Le idee che abbiamo circa noi stessi, gli altri e il mondo non necessariamente fondate sulla realtà

[12] L'insieme stabile e coerente delle idee e delle valutazioni che ognuno ha circa la propria persona, anch'esso non necessariamente fondato sulla realtà

Per semplificare, facciamo un esempio: se nella mia vita ho fatto esperienza di una o più delusioni, può essere che io abbia decodificato tali esperienze (il significato che ho attribuito a quegli eventi, la lettura che gli ho dato) come conseguenza del fatto che "non sono in grado di". Questo costrutto (la convinzione di non essere in grado di) può andare poi a strutturarsi nel mio concetto di Sé (l'insieme delle opinioni che ho circa me stesso) ed io finirò per avere una percezione di me come "persona non in grado di" (questa percezione fa parte di quello che Rogers chiama "Sé percepito") e sarà poi con questa percezione distorta di me stesso che mi muoverò nel mondo. Tutto ciò avviene nonostante il fatto che in realtà io sia potenzialmente "in grado di" (quello che Rogers chiama "Sé reale") e mi ritroverò così proprio come l'elefante della storia.

Questa dinamica può verificarsi ogni area della nostra vita, da quella lavorativa a quella amorosa, a quella famigliare. Raggiungere la consapevolezza di questa incongruenza tra Sé percepito e Sé reale può fare davvero una grandissima differenza nella nostra vita.

E noi? quali sono i paletti che ci tengono fermi?

3.3 La trappola della scimmia

Sempre stando in tema, nel libro "Lo zen e l'arte della manutenzione della motocicletta", originale romanzo filosofico di Robert Pirsig[13], l'autore descrive l'esempio della "vecchia trappola indiana per le scimmie".
La trappola consiste in una noce di cocco svuotata e legata a uno steccato con una catena. La noce di cocco contiene del riso che si può prendere infilando la mano in un buco. L'apertura è grande quanto basta perché entri la mano della scimmia, ma è troppo piccola perché ne esca la sua mano chiusa a pugno piena di riso.
La scimmia infila la mano e si ritrova intrappolata, non da qualcosa di fisico, ma da un'idea: non capisce che un principio che fino a quel momento le è stato utile: "quando vedi il riso, stringi forte" è diventato fatale.
Anche in questo caso ciò che guida la scimmia nel suo comportamento disfunzionale facendole trattenere il riso e conseguentemente finire in trappola è quello che in termini rogersiani viene definito "costrutto".
Come già accennato, un costrutto è un principio, un'idea che abbiamo appreso in un certo periodo della nostra, vita magari nel nostro ambiente familiare, o da una persona di riferimento, oppure dalla nostra cultura, con cui costruiamo (appunto) la nostra esperienza; cioè, un'idea che ci fa da guida nel nostro stare e muoverci nel mondo.
Un costrutto può essere funzionale per un po' di tempo e in certe situazioni, ma in altri periodi e situazioni può non esserlo, ad esempio, tornando alla nostra scimmia: la scimmia è guidata dal costrutto "quando vedi il riso, stringi forte" e questo costrutto che ha imparato è molto probabile che le sia stato utile e quindi funzionale in altre situazioni passate, magari quando doveva stare attenta a non farsi rubare il riso.

---

[13] Pirsig, R (1990) Lo zen e l'arte della manutenzione della motocicletta. Gli Adelphi

Ma quello stesso costrutto che era stato funzionale in quelle situazioni si rivela essere altamente disfunzionale se applicato alla situazione delle noci di cocco.

È importante dire che un costrutto può essere più o meno rigido, più o meno flessibile. Spesso stiamo male non tanto per i nostri costrutti, ma causa della loro rigidità. È importante identificarli, divenirne consapevoli per abbandonarli o renderli più flessibili e quindi funzionali e in linea con la nostra tendenza attualizzante.

Ma cosa significa dire che un costrutto è flessibile?

Troniamo sempre alla nostra scimmia: se il suo costrutto "quando vedi il riso, stringi forte" fosse stato flessibile, tale principio avrebbe potuto guidare comunque inizialmente il suo comportamento, ma poi, vedendo che il riscontro nella realtà non era funzionale, cioè che la mano rimaneva bloccata e che le provocava dolore tirarla verso di sé, la scimmia avrebbe potuto lasciare che il suo comportamento venisse guidato non da quell'idea rigida, ma dall'esperienza stessa, da quello che sentiva.

Quindi, quel costrutto rigido "quando vedi il riso, stringi forte" avrebbe potuto modificarsi flessibilmente, alla luce dell'esperienza, diventando per esempio qualcosa di questo tipo: "quando vedi il riso, stringi forte, ma se stringere forte ti intrappola o ti fa male alla mano, lascia andare".

Il risultato in questo caso sarebbe un comportamento guidato più dall'esperienza che dal costrutto che, alla luce dell'apprendimento dall'esperienza sarebbe poi stato modificato.

Un comportamento funzionale e in linea con la nostra tendenza attualizzante è un comportamento guidato principalmente da quello che si sente, naturalmente nel rispetto dell'altro, e non da quello che si pensa essere giusto fare, da un'idea appresa dell'esterno, da un costrutto rigido che ignora i dati di realtà.

Anche noi possiamo ritrovarci nella situazione della scimmia, solo che, al posto del riso, noi non molliamo certe idee, certe emozioni, certi ricordi, certe preoccupazioni, certe persone e anche certe situazioni…perché in qualche modo abbiamo imparato, talvolta anche inconsciamente, che è così che si fa…

Queste sono alcune domande che forse può essere buono farci:
C'è in questo momento qualche area della mia vita in cui mi sto muovendo non tanto sulla base del mio sentire ma più sulla base di uno o più costrutti?

Quanto sono flessibili questi costrutti?

È possibile modificarli apprendendo dalla mia esperienza, da quello che sento o la loro rigidità mi fa finire in trappola? (nel nostro caso potrebbe essere: in ansia, in depressione, nella collera, etc…)

Se questi costrutti sono rigidi, che effetto ha su di me rimanere loro fedele anzi che basarmi sul mio sentire?

Credo in generale che questo piccolo aneddoto della trappola della scimmia possa insegnarci quanto a volte sia più saggio lasciare andare, piuttosto che attaccarci. Questo spesso non è facile da fare in molte situazioni, ad esempio quando siamo in preda all'orgoglio, quando siamo feriti per un'ingiustizia subita, quando albergano in noi sentimenti di vendetta e rivalsa, quando sentiamo che lasciare andare deluderebbe qualcuno, e così via.

Lasciare andare può essere davvero difficile perché in controtendenza ai nostri costrutti, alle nostre idee di come dovrebbero essere le cose, di come dovremmo essere noi, la vita o gli altri… ma in realtà, in certi casi, mollare la presa può salvarci dal finire in trappola e dall'aggiungere inutile sofferenza alla nostra vita.

E allora chiediamoci: C'è qualcosa nella mia vita che non sto lasciando andare, il cui non mollare la presa ci sta arrecando solo sofferenza?

"Lasciar andare non significa fregarsene,

ma lasciare che l'esperienza sia consigliera,
non le parole.

Lasciar andare non è vittimismo,

ma la profonda certezza che spesso gli effetti non dipendono da noi.

Lasciar andare non corrisponde ad una critica,

ma ad un atto di estrema fiducia.

Lasciar andare non è imporre nuove catene,

ma permettere alla libertà di ognuno di esprimersi.

Lasciar andare non è ancorarsi al passato,

ma vivere pienamente un nuovo futuro.

Lasciar andare non è un atto egoistico,

ma è il coraggio di scoprire il nuovo che si svela di fronte a noi.

Lasciare andare non è dominio e controllo,

ma un atto di fede perché la vita si sveli.

Lasciar andare non è cedere ai fardelli della vita,

ma credere che siamo nati per uno scopo elevato.

Lasciar andare non è soffrire,

ma permettere alla gioia di abitare in noi.

Lasciar andare non è di domani,

ma è di un oggi che aspetta di essere vissuto.

Lasciar andare... libera, purifica, migliora... lasciare andare... è accogliere la gioia".

S. Littleword

3.4 Tra desiderio e paura[14]

La settimana scorsa ho passato tre giorni al mare, una piccola parentesi dopo tutti questi mesi trascorsi principalmente in casa per via del lockdown che forse proprio per questo ho apprezzato ancora di più. Sono andato in un posto in cui andavo da bambino ed è stato confortante ritrovarlo sempre uguale dentro di me seppur in parte diverso esternamente. Mi ha dato un malinconico e piacevole quanto insolito senso di familiarità e appartenenza. Anche ritrovare la spiaggia e il mare dopo un periodo passato dentro a confini molto stretti, a volte anche mentali ed emotivi oltre che fisici, è stato qualcosa che mi ha fatto sentire ancora a casa nonostante tutto e la visione dell'immensità del mare sconfinato ha allargato lo spazio interiore e il mio respiro. Certe vedute, se ci diamo la possibilità di coglierle appieno, hanno come la capacità di fare spazio all'anima.
Tutto questo è stato molto bello e toccante ma non è tanto di questo che voglio parlare, quanto di un'esperienza vissuta in quei giorni che mi è sembrata significativa.

Ero in spiaggia deciso ad entrare in acqua, il mare era bellissimo, limpido, cristallino e scintillante come mai avevo visto da quelle parti (la natura a differenza nostra ci ha guadagnato da questa pausa imprevista), la temperatura giusta, poca gente…insomma, proprio quell'insieme di elementi che ti invogliano e ti fanno sentire il desiderio di entrare e lasciarti andare tra le onde morbide che accarezzano la spiaggia.
D'un tratto scorgo che in quella bellissima ed invitante acqua si nasconde un'insidia: una medusa, anzi, due, no, tre!…ok, sono dappertutto.

---

[14] Scritto a luglio 2020

A quel punto la paura ha fermato il mio desiderio di entrare in acqua e con esso anche le mie gambe che fino a poco prima sembravano quasi andare verso il mare per conto loro. Stare sulla spiaggia aveva ora anche un altro sapore: era bellissimo osservare il mare, ma non poterci entrare e immergermi pienamente aveva fatto comparire in me un sottile velo di tristezza, anche perché sapevo che il mio tempo era limitato, non ci sarebbero state molte altre occasioni in quella piccola vacanza per fare il bagno.

Così ho iniziato a camminare per vedere se c'erano altre zone sgombre dalle meduse, a volte mi sembrava di scorgere delle aree libere, ma poi, arrivato lì, mi rendevo conto che così non era. Passando da un punto all'altro del bagnasciuga mi sono reso conto che l'idea di trovare un punto sgombero dal rischio meduse era purtroppo solo un'illusione.

La situazione era questa: o entravo in mare accettando la presenza delle meduse (tra l'altro da piccolo ero stato punto da una medusa proprio in quella spiaggia) o rinunciavo a vivere quell'esperienza che desideravo. Indeciso sul da farsi ho osservato anche come le altre persone probabilmente desiderose quanto me di entrare in acqua si stessero comportando. La maggior parte di loro era sulla riva e non ci pensava nemmeno ad entrare, altri entravano timidamente solo fino alle caviglie come me ed erano indecisi sul da farsi, altri ancora, accorgendosi troppo tardi delle meduse, lanciavano degli urli acuti e improvvisi e con dei sobbalzi si dirigevano di corsa spaventati verso la spiaggia. Questo era a grandi linee il quadro generale. Ma la mia attenzione cadde poi in particolare su due persone: uno era un signore grande e grosso che ho visto raccogliere una medusa con le mani. Scambiando due parole con lui mi disse che quella che sorreggeva non era orticante se non leggermente e che lui sapeva che la differenza rispetto al grado di irritabilità era data dalla lunghezza dei filamenti. Più i filamenti che si stagliano dal corpo della medusa sono lunghi e maggiore è il suo potere orticante.

Quella che lui teneva tra le mani aveva dei filamenti molto corti e tante di quelle che avevo visto erano così, ma ce ne erano anche altre che li avevano più lunghi. Non sapevo se la teoria di quel signore fosse corretta, ma mi dava fiducia vedere che lui stesso si fidava di sé stesso e della sua esperienza.

L'altra persona che mi colpì era una signora con un'aria gentile e gioiosa che camminava nell'acqua che gli arrivava alle ginocchia indossando un ampio cappello di paglia non curandosi affatto di potersi imbattere nelle meduse, come se avesse avuto la consapevolezza che nulla avrebbero potuto farle.

Incuriosito da questi due esseri umani atipici in quel contesto e ancora desideroso di fare il bagno mi sono avvicinato ad un punto del bagnasciuga su cui si erano spiaggiate alcune meduse. Mi sono accucciato vicino a loro per guardarle meglio: "che animali strani" ho pensato, una massa gelatinosa trasparente con all'interno dei cerchi violacei, qualche piccolo filamento sotto e di tanto in tanto delle contrazioni ritmiche a testimonianza che erano degli esseri viventi.

A quel punto decisi di toccarle.

Non senza timore, allungai il dito e mi resi conto che anche se la sensazione al tatto non era particolarmente piacevole, non c'era nessun bruciore o fastidio come invece immaginavo nei miei pensieri.

L'aver fatto esperienza toccando con mano che il pericolo non c'era mi aveva dato la determinazione a non rinunciare a quello che desideravo.

Allora mi sono alzato e ho fatto per entrare in acqua ma in quel momento la marea era cambiata e l'acqua del primo tratto di mare, seppur pulita, era diventata torbida perché la sabbia si era alzata dal fondo e di conseguenza non era più possibile vedere le meduse, se non quelle nettamente in superficie.

La situazione era questa: ero desideroso e determinato ad entrare, sapevo che c'erano delle meduse che con buona probabilità sarebbero state innocue (anche se non piacevoli al contatto) e altre che avrebbero potuto non esserlo e per di più sapevo che non avrei potuto vederle per evitarle.

Avrei potuto fare il bagno solo se in me ci fosse stata la disponibilità a fare spazio e ad accettare tutto questo.

Com'è andata? Ho fatto il bagno, non sono stato punto da nessuna medusa, credo di averne toccata qualcuna ma non ci siamo dati fastidio, mi sono goduto il momento e sono tornato all'ombrellone contento, soddisfatto e con la sensazione di aver imparato qualcosa.
Ora potrei dirvi cosa secondo me rappresentano le meduse, il signore che ne raccoglie una, la signora con cappello che passa gioiosa senza curarsi di loro e cosa rappresentano tanti altri elementi che compaiono in questo piccolo aneddoto che ha quasi il sapore di un testo scritto da un bambino che racconta un episodio delle sue vacanze estive, ma preferisco lasciare a voi la libertà di leggerci ciò che eventualmente ci potrete trovare, ciò che più vi appartiene e dice di voi. Fiducioso e speranzoso che, ad uno sguardo attento e ricettivo, il significato e il potere di queste metafore potrà in qualche modo cogliere nel segno.

Buona estate!

3.5 Come sai se questo è un bene? Come sai se questo è un male?

A volte la realtà ci sta così stretta che per qualche meccanismo di difesa è come se ci distaccassimo da ciò che sta accadendo o da ciò che è accaduto, proviamo la sensazione di essere come in un sogno o meglio, in un incubo…e quella via di fuga, che spesso troviamo quando siamo immersi in un sogno angoscioso e poi ci svegliamo, stavolta non c'è; siamo già svegli ed è la realtà ad apparirci come un vero incubo. Incapaci di accettare le cose per quello che sono, cerchiamo ancora disperatamente di trovare quel sollievo che credo ognuno abbia provato al risveglio da un incubo: quella sensazione di alleggerimento che ci fa dire "pffiuffffff…per fortuna era solo un sogno!" ma niente da fare, siamo già svegli e c'è quello che c'è, e a volte quello che c'è è rappresentato solo macerie o nel migliore dei casi dalle rovine di qualcosa che è stato.

Di colpo, qualcosa che era fonte di gioia nella nostra vita, diventa fonte di dolore. Quella piccola parte della mente e del cuore in cui custodivamo il pensiero di quella cosa bella magari in grado di farci attraversare ogni tempesta con il sorriso e di rischiarire anche il più cupo e plumbeo dei cieli diviene, invece, ora, una parte della mente e del cuore in preda essa stessa alla tempesta, capace di scurire anche il più luminoso e terso dei cieli.

Ciò che aveva generato un grande spazio ricolmo di gioia, lascia solo un grande spazio vuoto, un vuoto che da le vertigini e che sembra potersi colmare solo di rabbia, angoscia, tristezza e frustrazione. Insomma, tutto si ribalta, le polarità si invertono e anche noi finiamo per sentirci sottosopra.

Ma forse, come già abbiamo visto, non sono tanto gli eventi in sé a farci soffrire, ma il significato che noi attribuiamo ad essi, perché i giudizi che emergono nella nostra mente rispetto a quello che è accaduto sono in grado di stritolarci il cuore, se glielo permettiamo e talvolta questo avviene al di fuori dalla nostra consapevolezza.

L'impatto di ogni evento dipende moltissimo dal significato che noi gli attribuiamo, è quello che determina come quell'evento viene vissuto da noi.

Forse a qualcuno questo potrà sembrare assurdo, a me invece sembra che la vita sia piena di dimostrazioni di ciò che sto dicendo, facciamo due esempi estremi: due persone vengono lasciate dal partner, la prima accecata dal dolore si toglie la vita; l'altra persona soffre, sta male, ma poi si rialza, si "prende per mano" e si rimette in cammino avendo fatto tesoro di quanto vissuto.

Ancora: due persone scoprono di avere una grave malattia, una si abbatte, cade in depressione, il sistema immunitario ne risente e si spegne velocemente; l'altra persona scopre invece da questa esperienza di averne sola una di vita e di volerla vivere al massimo per il tempo che le rimane, questo comporta una nuova attribuzione di senso alla sua esistenza e una risposta immunitaria capace di sostenerla.

Due situazioni simili, due esiti completamente differenti.

I fattori che concorrono a questi esiti così diversi sono molti: di tipo biologico/temperamentale, caratteriali, culturali, ma l'aspetto psicologico, che ormai da anni le neuroscienze hanno dimostrato essere imprescindibilmente intrecciato con l'aspetto biologico/organico, ha un ruolo importantissimo.

Forse siamo troppo abituati a dividere ciò che un bene da ciò che è un male e nel fare questa divisione spesso ci basiamo su giudizi impliciti e su costrutti dei quali talvolta non siamo nemmeno consapevoli; inoltre, spesso lo facciamo in modo netto, rigido e con uno sguardo non lungimirante, uno sguardo che si ferma poco più in là del nostro naso…

So bene che a volte non è facile, certe cose sembrano naturalmente essere fonte di sofferenza in senso non relativo, ma assoluto e questo probabilmente talvolta è vero…ma almeno cerchiamo di non aggiungere noi stessi ulteriore dolore alla nostra sofferenza che a volte può essere, appunto, fisiologica.

A maggior ragione nei periodi dell'anno in cui siamo più sensibili, quelli in grado di farci sentire ancora di più il vuoto delle mancanze, vediamo se è possibile farci un regalo prezioso concedendoci di stare così come stiamo, gioiosi, tristi, arrabbiati, pieni di entusiasmo, ecc…senza scoccarci quella seconda freccia nel petto; c'è già abbastanza sofferenza nella vita, non serve che ce ne aggiungiamo dell'altra.

Vediamo se è possibile essere gentili con noi stessi, con il male che sentiamo, proviamo a starci vicini nello stesso modo in cui staremmo vicino a qualcuno che amiamo e, se possibile, circondiamoci di persone capaci davvero di starci vicino e ricordiamoci che a volte ciò che sembra un male può in realtà non esserlo e viceversa.

Rispetto a questo, vi lascio una piccola e significativa storia zen:

C'era una volta, in un villaggio cinese, un vecchio contadino che viveva con suo figlio e un cavallo, che era la loro unica fonte di sostentamento.
Un giorno, il cavallo scappò lasciando l'uomo senza possibilità di lavorare la terra.

I suoi vicini accorsero da lui per mostrargli la loro solidarietà dicendosi dispiaciuti per l'accaduto.

Lui li ringraziò per la visita, ma domandò loro: "Come fate a sapere se ciò che mi è successo è un bene o un male per me? Chi lo sa!"

I vicini, perplessi dall'atteggiamento del vecchio contadino, andarono via.

Una settimana dopo, il cavallo ritornò alla stalla, accompagnato da una grande mandria di cavalli. Giunta la notizia agli abitanti del villaggio, questi tornarono a casa del contadino, congratulandosi con lui per la buona sorte.

"Prima avevi solo un cavallo ed ora ne hai molti, è una grande ricchezza. Che fortuna!", dissero.

"Grazie per la visita e per la vostra solidarietà", rispose lui, ma come fate a sapere che questo è un bene o un male per me?"

I vicini, ancora una volta rimasero sconcertati dalla risposta del vecchio contadino e se ne andarono via.

Qualche tempo dopo, il figlio del contadino, nel tentativo di addomesticare uno dei nuovi cavalli arrivati, cadde da cavallo rompendosi una gamba.

I vicini premurosi tornarono a far visita al contadino dimostrandosi molto dispiaciuti per la disgrazia.

L'uomo ringraziò per la visita e l'affetto di tutti e nuovamente domandò: "Come potete sapere se l'accaduto è una disgrazia per me? Aspettiamo e vediamo cosa succederà nel tempo."

Ancora una volta la frase del vecchio contadino lasciò tutti stupefatti e senza parole se ne andarono increduli.

Trascorsero alcuni mesi ed il Giappone dichiarò guerra alla Cina. Il governo inviò i propri emissari in tutto il paese alla ricerca di giovani in buona salute da inviare al fronte in battaglia. Arrivarono al villaggio e reclutarono tutti i giovani, eccetto il figlio del contadino che aveva la gamba rotta.

Nessuno dei ragazzi ritornò vivo. Il figlio del contadino invece guarì e i cavalli furono venduti procurando una buona rendita.

Il saggio contadino passò a visitare i suoi vicini per consolarli ed aiutarli, come loro si erano mostrati solidali con lui in ogni situazione.

Ogni volta che qualcuno di loro si lamentava, il saggio contadino diceva: "Come sai se questo è un male?". Se qualcuno si rallegrava troppo, gli domandava: "Come sai se questo è un bene?"

3.6 Come rimontare il copertone della bicicletta in caso di foratura

Qualche giorno fa, per via di una foratura, ho dovuto cambiare la camera d'aria ad una ruota della bici. Ho iniziato con lo smontaggio del copertone e l'ho sostituita, per poi rimontare il tutto. L'operazione procedeva bene fino a quando sono arrivato all'ultima parte del copertone che proprio non ne voleva sapere di rientrare nel cerchio. In pratica, quasi tutta la gomma era entrata nella sede della ruota tranne un pezzettino che strabordava all'esterno. Ho provato a spingere forte tutta la parte che fuoriusciva, ma niente da fare. Ho provato a spingere con pazienza un centimetro alla volta della stessa, ma niente da fare. Ho provato a girare la ruota e a tirare anzi che spingere, ma anche in questo caso non funzionava.

Se non avessi saputo che quel copertone prima era montato su quel cerchio avrei ipotizzato che fosse inadatto o difettoso.

Ho sprecato parecchie energie a cercare di risolvere la situazione e intanto la possibilità di non riuscire a sistemare il tutto per tempo mi faceva sentire l'ansia di perdermi la bella giornata di sole in cui desideravo immergermi. E più quest'ansia mi prendeva e più insistevo e più insistevo e più perdevo tempo.

Alla fine ho trovato la soluzione, ma era diametralmente opposta (sia in senso simbolico che letterale) a quelle tentate prima: partendo dal punto più lontano dalla parte che non entrava ho iniziato a passare tutta la circonferenza del copertone (quella che già era dentro al cerchio) con i pollici, esercitando giusto una leggera pressione, e quando sono arrivato alla parte che prima non entrava questa è scivolata nella sede del cerchio senza alcuno sforzo.

Perché voglio condividere questa esperienza? Voglio esservi utile in caso bucaste con la bici? Beh, dovesse essere, ben venga, ma naturalmente non è lì il punto.

Ho voluto riportare questo piccolo aneddoto personale perché mi ha colpito e mi ha lasciato un senso di stupore che mi sono portato dietro per tutta la giornata. L'ho vissuto come la conferma di qualcosa che già sapevo, ma sperimentarlo in modo così naturale e semplice ne ha amplificato la portata ed è stato per me un grande insegnamento (è proprio vero che esperire, ovvero, vivere l'esperienza e "accorgersi che..." ha un impatto molto più ampio rispetto al solo capire a livello cognitivo, sia nella vita che in terapia).

Quante volte insistiamo concentrandoci solo su quello che non va?

Quante volte sprechiamo un sacco di energie tentando le solite "soluzioni" note ma inefficaci?

Quante volte concentrandoci sui problemi e sul nostro non riuscire a risolverli pensiamo di avere qualcosa che non va o che la vita stessa abbia qualcosa che non va?

E intanto la vita, come la giornata di sole in questo piccolo aneddoto, scorre, passa…

Sono molte le persone che arrivando in terapia dicono qualcosa del tipo "nella mia vita è tutto ok, voglio solo sistemare questa cosa che non mi fa stare bene"; come molte sono le famiglie che arrivano dicendo qualcosa del tipo "nella nostra famiglia va tutto benissimo se non fosse per il nostro primogenito che ci fa disperare, può sistemarcelo?".

Tranne rarissime eccezioni la situazione è molto più complessa e sfumata di quello che sembra perché noi esseri umani non funzioniamo a comparti stagni. Tutto in noi è collegato e sta all'interno di un sistema dinamico dove ogni cosa influisce sull'altra e viceversa.

Quindi, spesso, per sbloccare qualcosa dobbiamo partire da un punto anche molto distante dal blocco stesso e non si tratta di "prenderla alla larga", ma di prenderla con saggezza. Si tratta di uscire da un pensiero lineare per sposarne uno sistemico.

4

POKÈ BOWL
(CON UN SAPORE PIÙ "PSICO")

4.1 Uno sguardo alla teoria della personalità di Carl Rogers

Ciclicamente sento la necessità di tornare un po'alle origini, non solo rispetto a certi aspetti della mia persona, ma anche riguardo alla mia formazione; che poi in realtà queste due dimensioni non sono così separate come possono sembrare, anzi, sono molto sfumate e hanno delle ampie aree di sovrapposizione.

Basti considerare che lo strumento del mio lavoro sono io stesso ed è per questo che devo prendermi cura di me (nel senso che proprio me lo devo, come lo devo eticamente a chi si rivolge a me) altrimenti come potrei prendermi cura degli altri?

E quindi ben vengano la terapia personale, le supervisioni, la formazione continua e tante esperienze di vita vissuta e da vivere ancora. Questi sono secondo me alcuni degli ingredienti fondamentali per la buona "manutenzione" di uno psicoterapeuta.

Parlando di formazione, l'Approccio Centrato sulla Persona di Carl Rogers rappresenta la mia "casa". Talvolta mi piace integrare con elementi provenienti da altri approcci, questo sulla base delle necessità e delle possibilità delle persone che incontro, ma faccio sì che ogni cosa che eventualmente integro sia sempre e comunque in armonia con i principi base dell'Approccio Centrato sulla Persona. Questo non per fedeltà all'approccio, che tra l'altro è un approccio molto aperto e flessibile, ma semplicemente perché l'ho sempre sentito visceralmente mio, in particolare la sua concezione dell'uomo e della vita.

Non è mia intenzione illustrare qui l'Approccio Centrato sulla Persona, ma vorrei condividere una sintetica descrizione della teoria della personalità di Carl Rogers in quanto penso che potrà facilitare la comprensione anche di ciò che farà seguito a questo paragrafo.

Quanto segue non ha dunque la pretesa quindi di essere una descrizione esaustiva della teoria della personalità rogersiana; l'intento è che possano esserne trasmessi i tratti essenziali.

Piccola premessa fondamentale: questa teoria nasce dall'esperienza, ovvero non è stata creata intellettualmente per poi essere applicata ai fatti in modo da poterli spiegare (processo dall'alto verso il basso), ma è stata l'osservazione dei fatti stessi a farla emergere concretamente e naturalmente (processo dal basso verso l'alto).

Rogers[15] sviluppa una teoria della personalità che ha come sottofondo una concezione positiva dell'essere umano che è visto come un organismo naturalmente tendente alla crescita e all'espressione del proprio potenziale sotto l'effetto della tendenza attualizzante che è presente in ogni essere vivente.

Detto brevemente, la tendenza attualizzante è quella componente biologica intrinseca alla vita stessa che fa sì, ad esempio, che un albero nato sulla roccia riesca ad allungare le radici fino a raggiungere la terra e l'acqua; che un fiore che trova uno spiraglio sull'asfalto possa comunque sbocciare; che un taglio sulla nostra pelle possa rimarginarsi da sé, che un essere umano che trovi delle condizioni ambientali favorevoli (un ambiente in grado di amarlo e accettarlo per quello che è) possa naturalmente "fiorire", cioè realizzarsi a livello esistenziale, esprimere le proprie potenzialità e sentire che la sua vita ha un senso che trae origine e si autoalimenta dal suo centro interiore.

"In estrema sintesi, lo scopo della psicoterapia è proprio quello di creare le condizioni necessarie a sbloccare la tendenza attualizzante della persona che per diversi motivi può rimanere intrappolata e quindi inespressa. È un po' come rimuovere quei massi che possono impedire ad un germoglio di crescere, una volta che la tendenza attualizzante trova spazio, accadono naturalmente delle cose buone, orientate verso l'espressione delle proprie potenzialità e quindi verso la vita piena"
Rogers

Dopo questa breve ma necessaria parentesi, torniamo alla teoria della personalità di Rogers[16].

---

[15] Rogers C.R. (1951), Terapia centrata sul cliente, Roma, La Nuova Italia Scientifica, 1997

Rogers individua nell'essere umano il desiderio di costruire e di attenersi ad un'immagine di Sé globale che sia coerente ed unitaria; questo desiderio di coerenza interna rappresenta un bisogno d'identità intrinseco in ognuno di noi. Tale bisogno può però andare incontro a dei conflitti che non vengono in questo caso, come accade invece in altre teorie della personalità, considerati intrapsichici e tantomeno fisiologicamente impliciti nella natura stessa dell'uomo (come ad esempio quelli tra ES, Io e Super-io della psicanalisi), ma conflitti che traggono origine da una matrice ambientale ed interpersonale: secondo Rogers il conflitto primario è esterno, nasce primariamente tra la persona ed il suo ambiente, tra i suoi bisogni e quelli delle sue persone significative di riferimento (generalmente i genitori) e solo secondariamente, attraverso meccanismi di introiezione, passerebbe ad una dimensione interna, intrapsichica.

Nella teoria della personalità di Rogers la percezione ha un ruolo determinante in quanto l'organismo (la persona intesa come totalità psicofisica) si muove e reagisce all'ambiente a seconda di come lo percepisce e il modo in cui percepisce l'ambiente determina i vissuti che vive momento per momento dai quali discendono poi i comportamenti che mette in atto. Quindi, la percezione ha un ruolo chiave nello spiegare la soggettività dei vissuti, delle reazioni e dei comportamenti degli esseri umani.

Da ciò risulta evidente che cambiando la percezione cambieranno conseguentemente anche le reazioni emotive e i comportamenti che ne conseguono. Infatti, secondo Rogers, se la persona passa da una percezione parziale o distorta della realtà e di sé stessa ad una percezione più completa ed accurata, in accordo con la sua tendenza attualizzante e ai suoi bisogni interni, inizierà a vivere la sua vita essendo maggiormente in pace e in armonia con sé stessa e con il mondo.

Più la percezione del campo fenomenico in cui la persona si trova immersa, ovvero la totalità delle percezioni organismiche psicofisiche che la persona sperimenta di volta in volta, è realistica, ampia e accurata e più il suo comportamento sarà consono alla sua personalità e viceversa. Questo significa che più potrà essere in contatto in modo accurato, senza distorsioni, con quello che sente davvero dentro di Sé e più potrà essere sé stessa e stare bene. Per chiarire meglio il concetto di totalità psicofisica ritengo utile specificare che nella concezione rogersiana il mondo interno di ogni persona è formato da due parti: una formata dall'organismo, che comprende quella dimensione viscerale fatta di emozioni, sensazioni e bisogni; e una formata dal concetto di Sé che rappresenta una struttura conscia di autoriflessione fondante l'identità stessa di ogni persona. Il concetto di Sé è necessariamente conscio, mentre l'organismo (inteso come esperienza organismica fatta di emozioni, sensazioni e bisogni) non lo è necessariamente, lo può essere solo in parte a seconda delle circostanze (in terapia si cerca di rendere consapevole tutta questa parte che spesso può venire come bypassata ad opera di meccanismi di difesa).

Possiamo descrivere il concetto di Sé come un nucleo autoreferente formato da caratteristiche stabili alle quali viene attribuito un giudizio di valore positivo o negativo (l'idea che abbiamo costruito nel tempo e quindi profondamente radicata che abbiamo di noi stessi e delle nostre caratteristiche che comprende anche una valutazione di queste ultime). Tale giudizio di valore deriva principalmente da quello espresso esplicitamente o implicitamente dai genitori, o da altre figure di riferimento, ed è venuto poi nel corso dello sviluppo introiettato e fatto proprio dal bambino (che valuta implicitamente o esplicitamente sé stesso e i suoi bisogni sulla base di come sono stati valutati dalle sue figure di riferimento).

Il meccanismo di introiezione di giudizi di valore, che passano principalmente dalla famiglia alla persona, assume un ruolo importantissimo e determinante nella costruzione del concetto del Sé;

basti pensare che tali giudizi di valore riguardano non solo le caratteristiche del soggetto ma anche il funzionamento delle relazioni e quello del mondo in generale (la persona impara ciò che è buono e ciò che non lo è sulla base di queste valutazioni esterne che vengono fatte sue senza nemmeno che ne abbia consapevolezza).

Detto questo, ora arriviamo ad un punto fondamentale: secondo Rogers la psiche umana è mossa da due principali bisogni che cerca di soddisfare che sono il bisogno di fedeltà alle esigenze dell'organismo e il bisogno di coerenza e stima al concetto di sé. Quest'ultimo bisogno può essere soddisfatto solo se il bambino si comporta in modo da ottenere feedback positivi dai propri genitori, i quali, con gli aggettivi che utilizzano per descriverlo e le caratteristiche che gli attribuiscono, vanno a formare in lui una descrizione di Sé che diviene stabile e che richiede coerenza: il concetto di Sé, appunto.

Quando il bisogno di fedeltà all'organismo e il bisogno di stima e coerenza al concetto di sé non sono conciliabili, nasce un conflitto che determina un disaccordo interno. Per esempio il bambino può sentire che per lui una cosa è buona, ma sa quella stessa cosa non è considerata buona dai genitori; ecco che nasce il conflitto e la tensione interna che ne consegue.

Più il contesto educativo ed affettivo è flessibile, facilitante e accogliente e meno è probabile che questi bisogni siano inconciliabili.

In tale situazione favorevole saranno preservati sia i bisogni dell'organismo che il bisogno di stima e coerenza al concetto di Sé e il bambino potrà rimanere fedele a sé stesso senza rischiare la perdita dell'apprezzamento dei genitori che, accettandolo con tutte le sue caratteristiche, fatte di risorse come anche di debolezze, gli permettono di orientarsi facendo scelte basandosi sulla propria percezione e ognuna di queste scelte viene ritenuta degna.

Questo non significa affatto che qualunque comportamento messo in atto dal bambino verrà approvato dai genitori, ma che a prescindere dall'approvazione o dalla limitazione che il comportamento avrà, il suo vissuto emotivo sarà sempre e comunque approvato e quindi la stima e la benevolenza nei suoi confronti rimarranno a prescindere.

Facciamo un esempio: se il bambino prova piacere a tirare i capelli alla sorellina piccola, il comportamento verrà sì fermato dai genitori, ma il bambino verrà compreso nel suo vissuto emotivo, quindi nella sua gelosia dettata con molta probabilità dalla paura di perdere l'affetto di mamma e papà e quindi non verrà giudicato da loro come "cattivo". Questo gli consentirà di accettare il limite imposto dai genitori senza sentirsi sbagliato per quello che prova a livello organismico e, allo stesso tempo, di mantenere il bisogno di stima al concetto di Sé. In questo modo non si crea conflitto interno/incongruenza e quindi nemmeno tensione/ansia/angoscia.

Nel caso di genitori poco affettivi o controllanti, al contrario, la non approvazione del comportamento verrà estesa all'intera persona e il giudizio negativo su di Sé che il bambino riceverà andrà ad influire negativamente sul suo concetto di Sé (penserà più o meno consciamente "è sbagliato che io provi questo") e sulla sua autostima (penserà più o meno consciamente "sono un bambino cattivo") quindi il bisogno di stima non sarà soddisfatto.

Come dicevamo, la divergenza tra la propria valutazione e quella dei genitori crea nel bambino uno stato di ansia e di incongruenza, ma il bisogno di stima è talmente forte che lo porta a dare credito e ad identificarsi con le descrizioni di Sé che riceve dai genitori. In questo modo si verifica uno scollamento tra l'esperienza organismica e il concetto di sé: i valori che il bambino attribuisce alla propria esperienza, basandosi sulla propria percezione, vengono sradicati dalla sua attività organismica e sostituiti con la lettura che di quell'esperienza viene fatta dai suoi genitori.

Questa inversione si ripeterà poi in futuro anche con altre persone e porterà il bambino divenuto poi adulto ad accorgersi di non conoscere veramente sé stesso e a porsi la domanda:

"Chi sono io?"

Una volta interiorizzate le descrizioni ricevute dall'esterno, sia delle esperienze che vive che di sé stesso, pur di assicurarsi la vicinanza e la benevolenza dei genitori (figure essenziali alla sua stessa sopravvivenza) il bambino aderisce ad una descrizione eteronoma di Sé e delle esperienze che vive (tiene buona non la propria lettura di Sé e del mondo ma quella data dai genitori). Inizia così gradualmente a perdere sempre più fiducia in quello che sente, nelle proprie percezioni; la sua voce interiore (che deriva dalla sua esperienza organismica, da quello che sente) ha via via sempre meno credito di quella interiorizzata dei genitori.

Il bambino si allontana da una valutazione autocentrata e aderisce ad una valutazione che trae origine dall'esterno che non è radicata nell'esperienza e che conseguentemente risente di rigidità e di non autenticità. Il bambino si allontana in questo modo anche dalle emozioni, perde la capacità di ascoltarsi, la sua bussola non è più data da ciò che sente, ma da ciò che lui crede che dovrebbe sentire per non perdere la stima e l'affetto dei genitori e tralascia sempre più l'autonomia di giudizio.

Parallelamente a tutto ciò, opera il bisogno di coerenza di sé che fa si che ogni percezione derivante dall'esperienza organismica che si discosta dall'immagine introiettata di Sé che il bambino ha ricevuto dai genitori venga negata o distorta. È come se il bambino potesse percepire e assimilare solo ciò che è coerente con l'immagine di Sé che gli è stata attribuita dai genitori. Il bisogno di coerenza con l'immagine di sé può arrivare a livelli così alti di disconoscimento dell'esperienza organismica da risultare davvero castrante e patologico.

In questo sguardo seppur molto veloce alla teoria della personalità di Rogers appare evidente come siano le caratteristiche delle relazioni con le figure di riferimento che ognuno di noi intraprende nei primi anni di vita ad avere un impatto importante sulla nostra struttura di personalità. Tale impatto, per quanto disfunzionale possa essere, non ha però aspetti deterministici, ovvero: non è detto che il conflitto primario esterno, successivamente introiettato, determini per forza un'evoluzione psicopatologica; se non abbiamo trovato le condizioni sufficientemente buone nel nostro ambiente non significa che siamo destinati a non realizzare le nostre potenzialità e a vivere una vita priva di senso in cui siamo alienati da noi stessi. D'altro canto è vero che più è grande il conflitto (e quindi il disaccordo interno) e meno l'individuo è facilitato nel divenire sé stesso, ma ciò non significa che non possa riuscire comunque in questa importante impresa esistenziale in quanto, a differenza delle preesistenti teorie della personalità (psicoanalitica e comportamentista) Rogers considera l'essere umano un agente attivo, libero, responsabile, capace di attuare scelte in linea con la propria tendenza attualizzante.

Ed è qui che giocano un ruolo essenziale gli incontri terapeutici anche informali che possiamo fare nella nostra vita: un parente, un professore, un allenatore che grazie alla qualità della relazione che instaura con noi ci facilita nel ritrovare autonomamente la nostra bussola interna. Una o più relazioni di questo tipo possono davvero fare la differenza, ma quando siamo ormai molto, troppo persi o quando non abbiamo la fortuna di fare tali incontri significativi, la psicoterapia diventa il luogo prediletto dove potersi ritrovare e dove riprendere in mano la propria vita, a patto che la relazione con il terapeuta abbia determinate caratteristiche, soprattutto a livello umano.

4.2 Genitori feriti – bambini feriti (prendersi cura di Sé è prendersi cura anche dell'altro)

Che effetto può avere, per un figlio, crescere con genitori che non hanno consapevolizzato la propria storia di vita (luci ed ombre) e non si sono presi cura delle proprie ferite emotive?

Questa è solo una delle domande su cui vorrei porre l'attenzione, senza la pretesa di essere esaustivo e tantomeno di trovare risposte definitive, ma con l'intento di condividere e magari suscitare qualche spunto di riflessione.

Partiamo dal presupposto che uno dei bisogni primari di ogni bambino è quello di essere amato, considerato e preso sul serio per quello che è, con tutte le sue emozioni, sentimenti e con la relativa espressione del proprio mondo emotivo. Partiamo anche dal presupposto che è solo in un'atmosfera di accettazione, autentica considerazione e di tolleranza che nei vari momenti della sua crescita il bambino potrà compiere i passi necessari all'autonomia rinunciando gradualmente alla simbiosi con la madre.

Il punto è che, a quanto pare, queste caratteristiche di amore, considerazione, accettazione e tolleranza possono essere disponibili nei confronti del figlio solo se i genitori (o le sue figure di riferimento) a loro volta le hanno sperimentate nel proprio nucleo familiare.

I genitori che non hanno potuto beneficiare di tale clima positivo e facilitante vivono in quello che Alice Miller [17](psicanalista indipendente) definisce come un antico stato

---

[17] Miller, A. (1983) Das Drama des begabten Kindes und die Suche nach dem wahren Selbst. Trad.it. Il dramma del bambino dotato e la ricerca del vero sé, Bollati Boringhieri editore, Torino, 2008

di carenza affettiva che li porterebbe poi a cercare per tutta la vita ciò che non hanno ricevuto in passato al momento giusto, ovvero: qualcuno che li ami, li accetti, che si interessi totalmente a loro, che li capisca fino in fondo e che li prenda sul serio. Se, come spesso accade, questi genitori che stanno in uno stato di carenza affettiva rimuovono attraverso meccanismi di difesa tali bisogni insoddisfatti, questi ultimi divengono inconsci e tendono a venire soddisfatti per vie sostitutive. Qual è la via sostitutiva che meglio si presta a questo scopo? Secondo la Miller sono proprio i figli.

Un figlio è infatti sempre disponibile, non ci sfugge come un tempo ci sfuggiva nostra madre o nostro padre, possiamo educarlo e farlo divenire come vogliamo, come piace a noi, da lui possiamo ottenere ammirazione, rispetto, può farci sentire forti, quando ci risulta scomodo o d'impiccio lo possiamo affidare ad altri e grazie a lui è possibile anche sentirsi al centro dell'attenzione.

Fintanto che il genitore con carenza affettiva non conoscerà la storia rimossa della propria infanzia, continuerà a soddisfare per vie sostitutive, attraverso i figli (spesso anche attraverso i partner, ma questa è un'altra storia…) i propri bisogni inconsci derivanti da quella carenza che si porta dietro.

Facciamo un esempio prendendo il caso di un bambino che teme di essere abbandonato e i cui genitori si trovino in uno stato di carenza affettiva: i segnali, verbali e non, che il bambino invia ai genitori che esprimono il messaggio "ho paura di essere abbandonato" non possono essere accolti perché loro stessi hanno bisogni emotivi inconsci irrisolti (talvolta anche molto simili a quelli del figlio) e dipendono da lui perché rappresenta la via sostitutiva per colmare i "buchi" affettivi lasciati dalle loro esperienze infantili dolorose.

Il figlio, vedendo che i segnali che invia non vengono accolti, impara presto che questa disponibilità verso i suoi bisogni non c'è e per garantirsi la vicinanza dei genitori impara a reprimere bisogni, emozioni ed esigenze. Nello specifico, in questo caso, potrebbe negare a sé stesso il sentimento abbandonico che prova ed il suo bisogno di vicinanza e, di contro, potrebbe iniziare a radicarsi in lui il costrutto (idea/convinzione) che "nella vita bisogna arrangiarsi".

Quindi, in questo modo i sentimenti di abbandono vengono rimossi, ma ciò non significa che non esercitano e non eserciteranno poi un effetto sulla sua vita quando sarà adulto. La rimozione del sentimento di abbandono, ad esempio, può portare a diversi meccanismi disfunzionali che vanno dalla negazione, all'intellettualizzazione, all'uso di sostanze, alla proiezione, allo sviluppo di perversioni, etc...

In pratica, quello che accade è un adattamento da parte del figlio ai bisogni del genitore, a discapito dei propri. Questo adattamento porta facilmente allo sviluppo di una personalità "come se" che ha molto in comune con il "falso Sé" di Winnicott[18] (celebre pediatra psicanalista che si è occupato molto dell'infanzia) in cui l'individuo si limita ad apparire come ci si aspetta che debba essere e si identifica completamente NON con i sentimenti e con le emozioni che prova, ma con quelli che mostra, gli unici che ritiene essere accettabili per i genitori e successivamente anche per sé stesso.

Quindi, il bambino del nostro esempio potrebbe mostrarsi apparentemente sicuro e non bisognoso di vicinanza perché sente che è così che viene accettato e apprezzato dai genitori, i quali, a loro volta, con ogni probabilità, rinforzeranno questo fasullo atteggiamento di sicurezza e indipendenza, favorendo così sempre più lo sviluppo del falso Sé.

---

[18] Winnicott, D. (1975) Il bambino e la famiglia, trad. Fulvia Kanizsa, Firenze: Giunti e Barbera

In questo modo il vero Sé (la vera personalità del bambino) e quindi la sua autenticità non trova spazio, non può svilupparsi e nei casi peggiori nemmeno formarsi perché non può essere vissuto in quanto considerato non accettabile. La persona che si trova e/o si è trovata in queste condizioni sperimenta spesso un grande senso di vuoto perché è stato reciso l'elemento vitale e spontaneo, è come devitalizzata.

Dal canto loro, invece, i genitori avranno trovato nel falso sé del bambino il sostituto che cercavano per colmare i propri bisogni di sicurezza, in quanto i genitori con carenze affettive sono generalmente persone molto insicure. Il bambino che non ha potuto costruirsi una propria sicurezza, non potendo contare su di una base sicura, divenuto poi adulto, dipenderà inconsciamente dai genitori (o dalla rappresentazione interna di essi). Si ritroverà ad essere un adulto alienato da sé stesso perché non ha potuto lasciarsi andare e fare esperienza dei propri autentici sentimenti, delle proprie emozioni, del suo essere autenticamente sé stesso. Oltre che dai genitori, dipenderà anche dalla conferma di altre figure: dal partner, dal datore di lavoro, dal collettivo, etc...il suo centro di valutazione sarà esterno, non radicato nell'autenticità del suo sentire, con cui ha perso contatto a causa dell'accettazione condizionata che ha trovato nel suo ambiente.

Winnicott esprime bene questo concetto in questo stralcio:

"La madre guarda il bambino che tiene in braccio, il piccolo guarda la madre in volto e vi si ritrova...a patto che la madre guardi davvero quell'esserino indifeso nelle sue unicità, e non osservi invece le proprie attese e paure, i progetti che imbastisce per il figlio, che proietta su di lui. In questo caso nel volto della madre non troverà sé stesso ma le esigenze della madre. Rimarrà allora senza specchio e per tutta la vita continuerà invano a cercarlo".

Il prezzo che si paga per avere "Il bravo bambino che è l'orgoglio dei genitori" è la perdita del suo vero Sé (della sua congruenza) perdita che è drammaticamente funzionale ai bisogni non simbolizzati (inconsci) dei suoi genitori. Questo bambino soffrirà con buona probabilità di insicurezza affettiva e il suo mondo psichico sarà impoverito.

Una volta diventato adulto, se non avrà modo di recuperare la storia della propria infanzia rimossa (consapevolizzare le proprie ferite infantili) e di elaborare i vissuti dolorosi che questo comporta, è probabile che sarà depresso o si nasconderà dietro una facciata di grandiosità e, se diventerà genitore, trasmetterà tale carenza affettiva ai propri figli.

Le persone che hanno vissuto in un clima di accettazione condizionata (che venivano accettate e amate solo se corrispondevano alle aspettative delle figure di riferimento) una volta divenuti genitori si troveranno in uno stato irrisolto, quello stato interno che Rogers (psicoterapeuta rivoluzionario, fondatore dell'approccio centrato sulla persona) ha chiamato "incongruenza" e questo stato verrà trasmesso al figlio.

Tale incongruenza è dovuta dal fatto che per questi genitori sarebbe stato "ieri" (nella loro infanzia) e sarebbe ancora "oggi" (da adulti) troppo doloroso e minaccioso potersi accorgere dei bisogni frustrati che hanno sperimentato da piccoli. Tale minacciosità viene gestita, come abbiamo detto, attraverso la rimozione e/o la distorsione della loro esperienza attuale e passata e quindi anche della loro stessa storia di vita.

Questi meccanismi di difesa fanno si che la persona possa anche non giungere mai alla consapevolezza di come sono andate realmente le cose, arrivando quindi a tradire sé stessa.

La persona tradisce sé stessa pur di non tradire gli altri (i propri genitori), pur di non tradire l'immagine di sé che si è costruita per sopravvivere emotivamente (che corrisponde al falso Sé) e anche per tenere in piedi la storia che si è raccontata circa la propria infanzia che spesso è distorta in positivo, come vista attraverso delle lenti rosa. Questo mancato raggiungimento della consapevolezza e della propria verità su sé stessi e sulla propria storia sarà uno di quegli anelli che nella catena intergenerazionale trasmetterà l'incongruenza ai figli e ciò avverrà in virtù del fatto che tali bisogni, emozioni e sentimenti, non potendo essere simbolizzati (non potendo accedere alla coscienza) verranno direttamente agiti.

Se un bambino ha la fortuna di crescere con una madre in grado di rispecchiarlo, una madre che Rogers definirebbe congruente (consapevole di sé, della propria storia e libera di essere sé stessa) avrà modo di accedere in modo spontaneo ai propri sentimenti e desideri senza sentirsi minacciato, perché l'accettazione e l'amore non saranno condizionati dalle aspettative, dai bisogni irrisolti e dalle carenze affettive della madre. Ciò favorirà nel figlio lo sviluppo di una buona e realistica autostima e soprattutto favorirà lo sviluppo autentico della sua personalità perché potrà essere sé stesso senza scindere o rimuovere bisogni e parti di Sé. In termini rogersiani, sarà congruente e quindi nella sua vita non dipenderà da una valutazione esterna perché la sua bussola sarà nel suo organismo, perché sentirà che potrà fidarsi di quello che sente.

Prenderci cura di noi è anche prenderci cura anche dell'altro.

Fino a qui abbiamo preso in considerazione principalmente l'effetto che può avere per un figlio l'essere cresciuto con dei genitori che non si sono presi cura di sé stessi e in particolare delle proprie ferite infantili; genitori che si trovano quindi in uno stato di incongruenza (non pienamente consapevoli ed autentici, non in contatto con i propri reali bisogni, sentimenti ed emozioni).

Ora getteremo invece uno sguardo alla situazione opposta e non solo; cercheremo anche di comprendere come quel figlio che ha vissuto in un clima dove amore e accettazione erano condizionati (a causa delle ferite infantili non consapevolizzate dei genitori) possa comunque divenire a sua volta un genitore in grado di offrire ai propri figli quel clima amorevole e facilitante che non ha potuto sperimentare nella sua infanzia.

Dobbiamo considerare che il modo in cui i genitori guardano e definiscono il figlio determina nel tempo l'immagine di Sé che quest'ultimo si formerà e gli effetti saranno molto diversi a seconda che i genitori siano stati congruenti (consapevoli di Sé, autentici e pienamente in contatto con i propri reali bisogni, emozioni e sentimenti) o incongruenti. Questo perché un genitore consapevole, che non ha carenze affettive inconsce, non necessita del figlio per colmarle, ad esempio: non ha bisogno di proiettare nel figlio gli aspetti di sé e della propria storia che rifiuta e nemmeno di accollargli la responsabilità di essere quello che lui non è riuscito ad essere. In poche parole: può relazionarsi al figlio in modo autentico e consapevole, essendo pienamente sé stesso. E sarà proprio questa qualità di presenza del genitore che darà la possibilità al figlio di essere libero di essere quello che è e di sentire che ha un valore intrinseco proprio per quello che è, non per quello che fa. Queste sono le radici dell'autostima.

Il figlio di genitori congruenti ha quindi la possibilità di crearsi un'immagine di Sé come fondamentalmente buono ed amabile a prescindere da come si comporta e da cosa sa o non sa fare. Quando viene sgridato, quello che viene condannato e giudicato non è lui come persona, ma il comportamento (questa apparente piccola sfumatura fa in realtà una grande differenza perché non intacca la persona nella sua totalità). Potrà di conseguenza sentirsi amabile in ogni situazione: quando è felice, quando è tranquillo, ma anche quando è arrabbiato, triste, agitato o pretenzioso.

Potrà così fare anche liberamente i conti con la sua ambivalenza, le sue sconfitte, i suoi fallimenti, interiorizzando il costrutto che ogni esperienza è degna di essere percepita, vissuta e accettata. Inoltre, l'esperienza relazionale accettante e gratificante vissuta in famiglia si pone come modello interno che porta poi il figlio a relazionarsi in modo analogamente costruttivo anche con gli altri.

Abbiamo potuto vedere che sia la congruenza che l'incongruenza sono condizioni che tendono a perpetuarsi nel tempo tramandandosi di generazione in generazione, ma ciò significa che a questa trasmissione non vi sia una via di scampo? Se così fosse, i figli di genitori incongruenti sarebbero destinati inesorabilmente a divenire nel futuro dei genitori incongruenti e a mettere al mondo figli incongruenti e così via.

Fortunatamente, anche a partire dall'incongruenza dei genitori, non è detto che il ciclo di trasmissione intergenerazionale dell'incongruenza continui ad avere successo, questo passaggio di testimone può infatti essere fermato.

L'essere umano, così com'è concepito nella psicologia umanistica, è un agente attivo nella costruzione della propria vita, libero di scegliere responsabilmente ciò che più è buono per sé stesso. Il punto è che ogni atto di scelta responsabile sottende che alla base vi sia una buona autoconsapevolezza e non un automatismo cieco, non un agire sulla base di antichi bisogni irrisolti o di ferite interiori non consapevolizzate.

Com'è possibile ereditare le eventuali ferite irrisolte dei genitori ma riuscire a liberarsene e a non trasmetterla ai figli salvando così sia noi che loro? attraverso un'esperienza emotiva correttiva, ovvero: attraverso la possibilità di vivere, per un sufficiente periodo di tempo, una o più relazioni autentiche nelle quali sentiamo di essere accettati anche senza maschere, esattamente così come siamo.

Per un figlio che non trova accettazione e amore nel proprio nucleo familiare, ad esempio, potrebbe essere un'esperienza emotiva correttiva la relazione che può vivere con un insegnante, un allenatore, un nonno, etc... in grado di trasmettergli che va bene così com'è, con tutte le sue emozioni, con i suoi lati luminosi ma anche con quelli oscuri, con le sue risorse e con i suoi limiti.

Talvolta, quando la portata dell'incongruenza trasmessa non è profondamente radicata, anche queste relazioni buone che i figli vivono con figure esterne alla famiglia possono fare la differenza nel prendere o meno sulle proprie spalle gli effetti delle ferite dei genitori, ma quando questa eredità è molto pesante, l'unica possibilità per liberarsene può' diventare l'esperienza emozionale correttiva rappresentata da una buona relazione psicoterapeutica.

In effetti, se ci pensiamo, ciò che i buoni terapeuti fanno con le persone che si rivolgono a loro assomiglia in gran parte a ciò che i buoni genitori fanno con i propri figli: il terapeuta crea con la persona un'alleanza terapeutica che altro non è che un legame di attaccamento nel quale il primo rappresenta la base sicura che permette al secondo di partire all'esplorazione del proprio mondo sia interno che esterno. Il buon terapeuta, come fa il buon genitore col figlio, vive esprime e condivide assieme alla persona emozioni, affetti, creatività, riflessività che favoriscono lo sviluppo della coscienza.

Liberarsi dall'eredità irrisolta dei genitori prevede dei passaggi di consapevolezza anche molto dolorosi e destabilizzanti, richiede infatti di prendere in mano la propria infanzia, il bambino che si è stati, con tutte le sue emozioni e bisogni, compresi quelli rimasti inespressi o inascoltati. Implica il guardare ai propri genitori e a come si sono comportati con noi attraverso occhi diversi, disincantati. Da questo sguardo disincantato possiamo però divenire davvero liberi di scegliere ciò che è buono per noi, nelle relazioni non dovremo più cercare di guadagnarci un amore che ci lascia a mani vuote perché invece di essere rivolto al nostro vero Sé è rivolto verso quello che Winnicott ha chiamato falso Sé.

Crollata l'illusione della nostra infanzia ed elaborato il lutto relativo a ciò, possiamo tornare ad essere liberi e congruenti, a dare spazio alla nostra tendenza attualizzante (forza vitale intrinseca in ogni essere vivente) e a generare conseguentemente congruenza e libertà nei nostri figli, spezzando così la trasmissione intergenerazionale dell'incongruenza.

Prenderci cura di noi è anche prenderci cura anche dell'altro.

"Radici" e "ali" sono i doni più grandi che possiamo ricevere dai nostri genitori e che possiamo donare ai nostri figli. C'è chi ha avuto in dono solo "radici" e non riesce a spiccare il volo, altri hanno avuto solo "ali" e non si sentono sufficientemente radicati internamente da poter correre il rischio di volare...altri nessuna delle due.

Se non abbiamo avuto la fortuna di ricevere entrambi questi doni nell'infanzia la nostra autorealizzazione come esseri umani sarà più complicata; ma da adulti, lavorando su noi stessi e sulla nostra storia personale, possiamo donarci ciò che non abbiamo ricevuto in passato e sbloccare la nostra tendenza attualizzante.

Riporto un passaggio di Bowlby[19] sull'importanza dell'offrire
ai figli una base sicura: un "luogo" sicuro a cui poter sempre
far ritorno e al tempo stesso un trampolino di lancio da cui
spiccare il volo verso il mondo (radici e ali)!

*"È la caratteristica più importante dell'essere genitori: fornire una base
sicura da cui un bambino o un adolescente possa partire per affacciarsi
nel mondo esterno e a cui possa ritornare sapendo per certo che sarà il
benvenuto, nutrito sul piano fisico ed emotivo, confortato se triste,
rassicurato se spaventato. In sostanza questo ruolo consiste nell'essere
disponibili, pronti a rispondere quando chiamati in causa, per
incoraggiare e dare assistenza, ma intervenendo attivamente solo quando
è chiaramente necessario"*

---

[19] Bowlby, J. (1988), Una base sicura, Milano, Cortina, 1989

4.3 L'origine della cattiveria? [20]

Sono rimasto davvero colpito e turbato dalla notizia di oggi della povera elefantessa incinta, morta per aver mangiato un ananas imbottito di petardi. Io mi auguro che perlomeno non sia stato un atto deliberatamente voluto ma che, come sembrerebbe dalle ultime notizie, possa essere stato un incidente (comunque evitabile) dato dall'incontro dell'elefantessa con questo ananas esplosivo che viene utilizzato come dissuasore per i cinghiali che potrebbero rovinare le colture ai contadini del posto. A parte il fatto che non si è certi che sia stato un incidente, anche in questo caso ritengo ci siano delle responsabilità.
Ma se fosse stato un atto deliberatamente agito con l'intento di far del male; cosa di cui non possiamo essere al momento certi, ma comunque possibile, allora sarebbe stato un atto davvero terribile e atroce.
Alla sola idea di questa possibilità, che inizialmente sembrava l'unica, ho provato immediatamente una profonda tristezza per il povero animale e il suo cucciolo e intensa rabbia e disgusto per i responsabili di questa atrocità resa ancora più terribile dal fatto che l'elefantessa aspettasse un piccolo, oltre che dalla modalità scabrosa e dilaniante con cui è stata commessa.

Come si può fare una cosa del genere?

Quale essere umano potrebbe fare una cosa del genere?

---

[20] Scritto a giugno 2020

Sicuramente un essere umano che di umano ha ormai ben poco, senza dubbio un essere umano pieno di sofferenza, che è stato a sua volta vittima di violenza fisica e psicologica e che non è riuscito a curare le proprie ferite, che non è riuscito a trasformare il proprio dolore e la propria sofferenza in amore e compassione. Quella sofferenza non curata si è come incistata e si è trasformata in un groviglio perverso fatto di odio, cinismo e sadismo.

Su larga scala è la stessa dinamica che ha spinto i grandi persecutori della storia ad infliggere le peggiori sofferenze ad altri esseri umani, basta leggere le biografie di Hitler e di Stalin per rendersene conto ed è la stessa dinamica che su piccola scala avviene anche nel bullismo e nelle famiglie maltrattanti.

Credo che nessun uomo (e anche nessun animale) nasca cattivo, ma potenzialmente entrambi lo possono diventare. Credo che la cattiveria possa svilupparsi in noi essenzialmente come esito disfunzionale di una sofferenza non elaborata; una sofferenza che anziché generare nuova vita, come avviene quando dal fango prende nasce il fiore di loto, genera solo un ristagno melmoso e maleodorante da gettare con rabbia e disprezzo addosso agli altri più deboli.

Forse non tutti sanno che le perle si creano quando l'ostrica viene ferita, quando da quella ferita entrano delle impurità; a quel punto, la perla secerne una sostanza per proteggersi e quella sostanza avvolge l'impurità fino a farla divenire col tempo una perla.

In un certo senso potremmo dire che le perle nascono solo dalle ostriche ferite che si sono prese cura di sé stesse e della propria sofferenza, infatti, non tutte le ostriche che vengono ferite danno vita ad una perla…

Scegliere come rapportarci di fronte alla nostra sofferenza è una responsabilità che abbiamo non solo verso di noi, ma anche verso l'altro.

Che poi non siamo così divisi come spesso crediamo…

4.4 È un po' così la psicoterapia, è un po' così la nostra vita

Il mese scorso ho fatto una passeggiata in montagna, un percorso nuovo che non conoscevo, avevo solo alcune indicazioni circa l'arrivo al primo rifugio, l'idea approssimativa di quanto tempo ci avrei messo e il grado di difficoltà del sentiero.

Sapevo che sarebbe stato possibile fermarmi a pranzo al primo rifugio oppure proseguire per altri sentieri che prendevano il via proprio da quel punto d'arrivo, ma dei quali non avevo nessuna informazione rispetto alla durata e al grado di difficoltà. La mia idea era quella di arrivare al primo rifugio e valutare poi il da farsi. Il percorso è iniziato come me lo aspettavo ma, via via che proseguiva, il grado di difficoltà aumentava sempre più fino a farmi pensare che le indicazioni che avevo letto non corrispondessero effettivamente alla realtà.

Con fatica crescente, dopo aver scarpinato su un sentiero sempre più impervio, sono arrivato ad una bellissima vallata in quota, con un'atmosfera davvero magica e rilassante, la fatica e lo spazio angusto del sentiero erano ripagate da quell'apertura che allargava il panorama, compreso quello interno.

Dopo una pausa per godermi quel momento ho deciso di proseguire per un altro rifugio di cui non avevo informazioni; sentivo che non avevo fame per fermarmi a pranzo e che avevo voglia di proseguire, ma allo stesso tempo non avrei voluto fare chissà quale fatica e chissà quanta altra strada.

Il sentiero che proseguiva partiva ben visibile in salita e a prima vista mi sembrava fattibile.

Man a mano che proseguivo la traccia del percorso iniziava a scomparire, come anche le persone che evidentemente si erano quasi tutte fermate alla vallata appena lasciata. Il sentiero si era fatto molto tortuoso e non era possibile capire bene dove si stesse andando e men che meno quanto sarebbe mancato all'arrivo.

Gradualmente anche la difficoltà continuava a farsi sempre maggiore, molto più di quanto sembrasse a prima vista, il vento iniziava a soffiare forte e, stando stretto tra due pareti di roccia, l'apertura della valle era ormai solo un bel ricordo. Il percorso su cui mi trovavo non era quello che mi sarei immaginato, le mie gambe sembravano essere troppo stanche per proseguire a quella pendenza e per di più anche il mio stomaco iniziava a farsi sentire.

Ad un certo punto, vedendo che la situazione continuava a peggiorare, mi sono fermato e si è affacciata in me la fatidica domanda che credo che molti di noi si facciano di fronte alla fatica e alle situazioni che si rivelano essere alquanto diverse da come ce le aspettavamo: "Vado avanti o torno indietro?"

A volte nella mia vita sono tornato indietro, altre volte sono andato avanti, a volte ho avuto l'impressione che fosse più saggio proseguire e altre lasciar perdere... ora mi accorgo che sempre più spesso mi capita di dirmi "vado avanti un pezzo, vedo com'è e poi decido"; ma quanto dev'essere lungo quel pezzo? questo aspetto talvolta è tutt'altro che semplice da definire.

Comprendere quando sia meglio per noi tenere duro e andare avanti nonostante la fatica e quando sia meglio lasciare andare e mollare la presa non è facile in certe circostanze della nostra vita. È proprio in quelle circostanze che subito si affacciano alla nostra mente i "se" e i "ma" che possono metterci in seria difficoltà facendoci sentire tutta l'ambivalenza che ci abita.

Proseguendo ho incontrato delle persone che facevano ritorno dal punto verso cui stavo andando, quasi esausto ho chiesto loro quanto mancasse e la loro espressione non è stata delle più rassicuranti, mancava infatti ancora tanto, ma almeno sapevo che il rifugio era aperto. Quell'incontro mi ha fatto sentire meno solo e più determinato a proseguire, credo che questo valga sempre: sentire che non si è i soli a fare fatica e incontrare persone che hanno attraversato o stanno attraversando circostanze simili alle nostre può avere un grande valore (questo per la mia esperienza personale è anche il punto di forza principale delle terapie di gruppo).

Dopo un po', davanti a me si sono presentati dei bivi senza indicazione che mi hanno messo in crisi ai quali ho deciso di proseguire andando a intuito, stando nel presente, facendo un passo alla volta e fermandomi di tanto in tanto a guardare quanta strada avevo già percorso. Questo era qualcosa che mi dava coraggio e fiducia.

Anche questo penso sia importante nella nostra vita perché capita che non ci troviamo dove vorremmo essere e di disprezzarci per questo e magari abbiamo anche la paura o la convinzione di non poterci mai arrivare dove vorremmo essere; a quel punto è molto importante guardare da dove siamo partiti, quanta strada abbiamo già fatto, rendersi conto di quanto ieri sarebbe stato desiderabile essere dove siamo oggi e darsi atto, possibilmente con affetto, di tutto ciò, anziché biasimarsi.

D'un tratto compare in lontananza il rifugio che spicca arroccato in alto…finalmente!

Le mie gambe sembravano aver ritrovato energia, a volte abbiamo bisogno di renderci conto che siamo sulla strada giusta per trovare la forza di proseguire, necessitiamo di qualche segnale che ci dia un feedback positivo rispetto a dove ci troviamo, anche se questo non sempre è possibile e certe volte non possiamo che navigare a vista con fiducia e speranza.

Può inoltre capitare che anche la fiducia e i feedback vengano messi a dura prova ed in questa mia giornata in montagna è stato così: il rifugio compariva e scompariva in un gioco di prospettive che lo faceva sembrare come il miraggio di un'oasi nel deserto. Un attimo prima era lì e dopo poco non c'era più, il tutto uno strano gioco di illusioni ottiche che non sembrava possibile.

Passo dopo passo e illusione dopo illusione arrivo, ma quello che sembrava essere il rifugio era in realtà una stalla dismessa: scoramento, incredulità, delusione.

Scelgo comunque di proseguire e dopo un po' finalmente rispunta all'orizzonte, eccolo, è lui e non vedo l'ora di raggiungerlo. L'ultimo tratto è molto ripido ma la motivazione è talmente alta che va bene così.

Arrivato mi sono rifocillato, ho gustato il panorama e il pranzo, ho guardato il sentiero quasi incredulo di essere lì, ancora perplesso per quelle illusioni ottiche che mi avevano come disorientato.

La cosa più bella è stata poi lasciarmi ondeggiare sull'altalena, una vertigine che mi ha riportato alla pienezza e alla vitalità di quelle emozioni che si provano quando si è bambini, quando tutto scorre spontaneo (se abbiamo la fortuna di non trovare ostacoli troppo ingombranti fin da subito).

Credo che anche da adulti abbiamo bisogno di leggerezza, di divertimento, di fare le cose così fine a sé stesse, solo perché ci va, solo per il piacere di farle, anche quando sono irrazionali e sembrano insensate o inutili, questo vedo che spesso ce lo dimentichiamo.

Prima di tornare ho preso un sasso che si trovava proprio appena prima del rifugio; certe esperienze non vanno dimenticate, vanno tenute vive dentro di noi e in questo caso quel sasso mi è sembrato un bel promemoria.

Devo dire che solo nel ritorno ho capito come mi aveva ingannato il gioco di prospettive, a conferma del fatto che certe cose o almeno parte di esse ce le possiamo spiegare e le possiamo comprendere solo a posteriori, solo dopo che le abbiamo attraversate tenendo duro o dopo che le abbiamo attraversate lasciando andare.

È un po' così la psicoterapia, è un po' così la nostra vita…

4.5 Elogio del fallimento (anche terapeutico)

Capita che in certi momenti, dopo aver faticato tanto, aver sofferto molto, ci si senta finalmente fuori dal tunnel. È bellissimo, le difficoltà incontrate appartengono al passato, sono ormai andate e ora l'oscurità e il suo pesante carico emotivo lasciano spazio solo alla luce e ad un senso di gioiosa leggerezza. In certi casi questo è proprio vero, come quando portiamo a termine un faticoso percorso di studi, un lavoro difficile e travagliato, a volte anche quando riusciamo a chiudere una relazione diventata ormai tossica; ma per le questioni personali interne, generalmente, non è così semplice. La faccenda è spesso più sfumata e complessa, pensiamo ad esempio ai vari tunnel dell'ansia, dell'angoscia, del panico, della depressione, del senso di inadeguatezza, del senso di colpa…

Se ne esce una volta per tutte dal tunnel?

A volte si, in certi casi in cui le questioni sono specifiche e circoscritte, ma altre no, non se ne esce una volta per tutte e questo significa che sarà inverosimile credere che se per esempio soffriamo d'ansia non l'avremo mai più; oppure che se una determinata questione ci deprime non passeremo più per qui cupi territori emotivi.
E allora cosa può fare la psicoterapia? se non se ne esce del tutto significa che è o siamo un fallimento? Stando nella metafora del tunnel, una buona psicoterapia può aiutarci a stare all'interno di esso con meno disagio e anche ad uscirne, ma non portandoci fuori magicamente e definitivamente come promettono illusoriamente di fare certi farmaci e anche certi ciarlatani, ma insegnandoci a conoscerci, a conoscerlo e ad attraversarlo. Perché nella vita di tunnel ce ne saranno tanti, alcuni molto lunghi, altri meno, e magari molti saranno collegati alle medesime tematiche, ai nostri soliti punti deboli.

Spesso questo non è un aspetto facile da accettare perché la nostra parte idealizzante e bisognosa di sollievo non vorrebbe incontrarne mai più di tunnel e ha la pretesa che la nostra crescita personale proceda sempre in modo lineare/incrementale. La realtà è un'altra ed è ben illustrata dalla vignetta che segue.

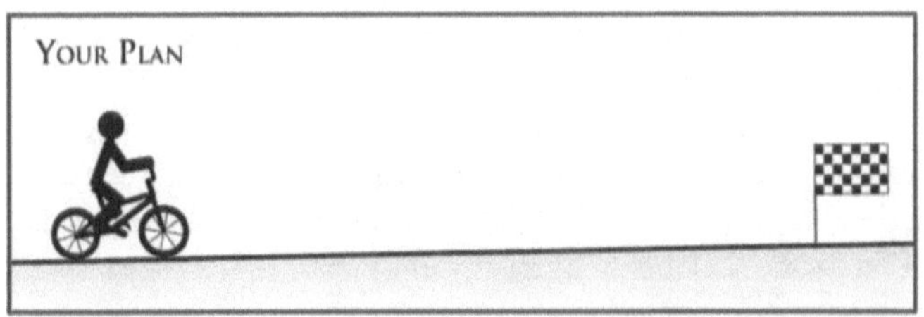

Così, quando quella parte irrealistica ha la meglio, anziché far tesoro di come siamo usciti dai tunnel precedenti e utilizzare quell'esperienza per affrontare con fiducia i prossimi che incontreremo, andiamo in crisi e può capitare che ci sentiamo un fallimento.
Durante la psicoterapia capita di accorgersi con sconforto di tornare sempre sulle stesse tematiche e questo di solito genera un grande senso di delusione misto a rabbia, impotenza e mancanza di senso, perché ci sembra di essere sempre punto e a capo.

Quest'evenienza si presenta più frequentemente quando qualche evento interno o esterno impatta su di noi in modo tale che anche ciò che pensavamo di aver conquistato ci sembra essere andato irrimediabilmente perduto, insieme al valore intrinseco che aveva avuto per noi quella conquista personale.

Per la mia esperienza, il più delle volte non è così e si tratta spesso di un momento fisiologico in cui perdiamo temporaneamente la nostra centratura e con essa anche la fiducia in noi stessi.

Non scordiamoci poi che più siamo consapevoli e più viviamo intensamente, divenendo così esseri umani sensibili, forti nella propria fragilità, che sono in contatto con tutto ciò che sentono nel bene e nel male. Questa è la croce/delizia dell'essere consapevoli.

Ne vale la pena o è un fallimento? Beh, ad ognuno la sua risposta…

Condivido di seguito queste parole di Lowen sul "fallimento"[21]. Davvero anacronistiche nell'era del "successo".

"Il fallimento ha sempre avuto un effetto positivo su di me, è stato il mio migliore maestro: mi ha costretto a fermarmi e a considerare il mio comportamento autodistruttivo. Mi ha dato la capacità di cominciare da capo con tutta la vitalità e l'entusiasmo che comporta un nuovo inizio. Accettando il fallimento mi sono liberato dalla lotta per superare il senso interiore di fallimento. Accettare il fallimento non è sintomo di rassegnazione, ma di accettazione di sé. Accettare il fallimento libera l'energia legata alla lotta per il successo e l'autoaffermazione, rendendo così possibile la crescita"

---

[21] Psicoterapeuta fondatore della Bioenergetica

Ancora…

"In un certo senso, ogni terapia che ha successo si conclude con un fallimento. Non si raggiunge la propria immagine di perfezione. Il paziente si rende conto che avrà sempre dei difetti. Sa, tuttavia, che la sua crescita non è terminata e che il processo creativo iniziato in terapia è adesso sotto la sua personale responsabilità. Non termina la terapia camminando su una nuvoletta. Chi lo fa è destinato alla ricaduta. Chi invece rimane con i piedi per terra, ha imparato ad apprezzare la realtà e ha sviluppato un atteggiamento creativo verso i problemi che incontrerà. Ha sperimentato la gioia, ma anche il dolore. Se ne va con un senso di auto-realizzazione che comprende il rispetto per la saggezza del suo corpo[22], ha riguadagnato il suo potenziale creativo"

---

[22] Col termine "corpo" Lowen intende anche quella dimensione viscerale/emotiva autentica del nostro sentire, quella che potremmo definire come la nostra bussola interiore a cui far riferimento per orientarci nella vita.

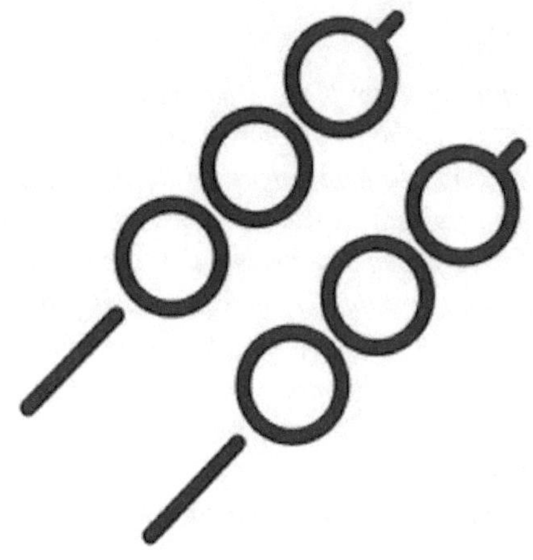

YAKITORI
(RIFLESSIONI LIBERE)

5.1_Come si fa a spiegare il mare a chi lo guarda e vede solo acqua?

"Non puoi usare il linguaggio delle farfalle per parlare con i bruchi" Timothy Leary

Come si fa a spiegare il mare a chi lo guarda e vede solo acqua?

Vi capita mai di sentirvi così?

Ovvero, di sentire che state parlando un linguaggio completamente diverso da quello della persona che avete di fronte e di avere la sensazione che non riesca a comprendere davvero quello che intendete?

Capita anche che spendiamo energie e tempo per cercare di far capire agli altri il nostro modo di vedere le cose, come la pensiamo riguardo a una questione, le emozioni che ci suscita... e quando l'altra persona ascolta, è flessibile e si dà anche la possibilità di essere cambiata da ciò che gli stiamo dicendo, questo è generalmente costruttivo e va nella direzione della possibilità d'incontrarsi. Altre volte, quando l'altro è irrigidito sulle proprie posizioni, quando non ascolta per ascoltare davvero ma solo per rispondere o peggio ancora per giudicare, è solo un inutile spreco di tempo ed energie. Non possiamo cambiare l'altro, non possiamo pretendere che capisca, ma possiamo imparare a stare con il suo limite e accettarlo; dovremmo imparare a fare questo non tanto per lui, ma per noi stessi.

Magari abbiamo l'impressione che non riesca ad andare oltre, a trascendere il livello oggettivo delle cose. Questa mancata comprensione profonda può accadere per più motivi: per dei limiti personali, per delle difese più o meno inconsce, o semplicemente perché l'altro ha un modo diverso di vedere la realtà e di stare al mondo (comunque altrettanto legittimo, anche se potenzialmente parecchio frustrante per chi cerca di farsi comprendere dal punto di vista soggettivo).

E così il mare è semplicemente acqua, una montagna è semplicemente terra e roccia, una canzone è semplicemente un insieme di note, un quadro è semplicemente un miscuglio di colori, e così via…

Questo accade anche in psicologia: per certi approcci un sintomo è semplicemente un sintomo e una psicoterapia è semplicemente l'applicazione di un metodo e di una tecnica di comprovata efficacia.

Ma cosa resta di noi e della nostra vita se non riusciamo a trascendere il piano puramente oggettivo?

Cosa rimane della nostra vita se la priviamo della poesia?

5.2 Incontrarci e incontrarsi all'imbrunire[23]

Qualche giorno fa ho fatto una cosa che non facevo da un po': semplicemente sono uscito dopo cena, sul presto, a fare una piccola passeggiata. È stato all'incirca all'imbrunire, in quel momento della giornata in cui c'è una luce davvero particolare; poca perché si possa avere la sensazione di essere ancora nel giorno e troppa per poter sentire che è già sera.
Fino a qui nulla di particolare qualcuno potrebbe pensare, anche se personalmente adoro quel momento di passaggio così sfumato, mutevole e sfuggente, ma non è stato solo quello a motivare il mio intimo stupore. L'atmosfera che ho percepito aveva qualcosa che mi riportava all'infanzia e alle sere di inizio estate, quelle in cui si poteva uscire a giocare, magari in compagnia dei nostri amichetti che abitavano nella stessa via o nello stesso condominio, oppure insieme a qualcuno della nostra famiglia.
Quelle serate erano accompagnate dai suoni delle biciclette, dai tiri al pallone, dalle risate e dal piacere di stare insieme. Quello spazio dal profumo estivo aveva delle caratteristiche particolari, era come una parentesi spaziotemporale diversa dal resto della giornata, era possibile entrare in quella dimensione solo per poco, prima che il buio diventasse troppo intenso e solo in un certo periodo dell'anno; forse era anche questo a rendere quell'esperienza così speciale e desiderabile.

---

[23] Scritto a maggio 2020

La giornata era quasi finita, l'anno scolastico volgeva al termine e già era possibile assaporare quella leggerezza che iniziava ad aleggiare nell'aria ormai tiepida e profumata. In quell'unione poetica di luci e ombre era possibile muoversi con il favore dell'oscurità ma senza sentirsi soli o persi e, allo stesso tempo, muoversi con il favore della luce ma senza sentirsi completamente sotto agli occhi dei grandi; una sorta di terra di mezzo, un limbo in cui il senso di sicurezza e la paura potevano giocare e fondersi generando una dimensione altra, quella dell'avventura, che ancora porto nel cuore. Si, perché quando la paura incontra e si intreccia con il coraggio diventa avventura.

Tornando alla mia passeggiata: mentre camminavo nell'erba, un luccichio ha rapito la mia attenzione, si trattava di una piccola lucciola. Improvvisamente tutte le sensazioni che ho descritto sopra, che già stavo provando, si sono amplificate. Quella piccola lucciola mi ha riportato allo stupore e alla magia che avevo provato quando per la prima volta da bambino ne avevo vista una, ricordo che era stato incredibile; ne avevo sentito parlare nelle fiabe, nei racconti dell'infanzia dei grandi che mi dicevano "quando ero piccolo…", ma non ne avevo mai vista una dal vivo! Per me era una di quelle cose che stavano a cavallo tra il mondo del reale e il mondo del fantastico.
Ho vissuto questo incontro tanto inaspettato quanto stupefacente come un dono.
Un dono che voglio condividere proprio ora che stiamo uscendo dalla pandemia, da un periodo buio, ora che iniziamo ad intravedere la luce, ora che abbiamo bisogno di luce e di speranza, ora che iniziano ad esserci dei segnali di ripresa che, un po' come fanno le lucciole che con il loro arrivo ci segnalano l'inizio dell'estate, ci segnalano che è possibile anche se con prudenza azzardarci ad uscire, stare fuori, incontrare i nostri amici, i nostri cari e ritornare a vivere con loro anche quella dimensione di giocosa leggerezza così preziosa che spesso tendiamo a trascurare.

Un dono che voglio condividere anche con chi, a prescindere dal periodo che stiamo attraversando, sta vivendo un momento difficile per i più svariati motivi.

Augurandomi che queste parole possano anche in minima parte rappresentare una piccola luce, magari proprio come quella che sprigiona una lucciola.

Voglio anche ricordare a me stesso e a tutti noi che per vedere le lucciole e vivere lo stupore che scaturisce da questo magico incontro, un po' come per vedere le stelle, c'è bisogno che ci sia almeno un po' di buio.

Ora una piccola storia, con l'augurio che tutti noi possiamo accogliere l'oscurità e allo stesso tempo dare e ricevere luce.

La leggenda della Lucciola e Luna

Tanto tempo fa le lucciole erano insetti neri, che uscivano dalla loro tana solo di giorno, quando c'era tanta luce. Una sera, la luna era appena apparsa luminosa nel cielo e una lucciola che non riusciva a dormire sentì uno strano richiamo.

A chiamarla era una piccola libellula che si era ferita a un'ala e non riusciva più a tornare a casa: aveva bisogno di aiuto!

La lucciola, potendo contare sul chiarore della luna, si avventurò fuori dalla tana, accorse dov'era la libellula, se la caricò sul dorso e cominciò a volare verso la sua casa.

All'improvviso, una nuvola coprì la luna e la povera lucciola rimase sola e al buio aveva molta paura, sentì un rumore: l'acqua dello stagno si muoveva e un gracidare sospetto si avvicinava.

Quando si accorse del pericolo, la lucciola cercò di scappare ma al buio della foresta non riusciva ad orientarsi e a trovare un nascondiglio: era così buio che non vedeva un palmo dal suo naso.

A un tratto, spinte dal vento, le nuvole si spostarono e la luna tornò a brillare nel cielo. Alla luce della luna, la lucciola finalmente riuscì a sfuggire alla rana.

La luna vide che la lucciola era salva e perché non corresse più pericoli gli donò un po' della sua luce. Da quel giorno, le lucciole, grazie alla luce che emanano, poterono uscire anche di notte e non correre il rischio di finire nelle fauci dei loro predatori.
Con la loro luce illuminarono la notte.

5.3 L'accettazione che porta alla connessione (sia dentro che fuori)

All of you is welcome here

Questa immagine mi rimanda al potere di un'accettazione radicale di tutto ciò che è presente nel nostro panorama interiore...

...ogni sensazione fisica, ogni pensiero, ogni emozione... una reale accettazione incondizionata in grado di fare spazio e di dare il benvenuto a tutto quello che c'è e a tutto quello che siamo.

Ci sono certe situazioni, date anche dal contesto in cui ci troviamo, nelle quali vivere questa accettazione, poterla incarnare, risulta moto difficile e altre che invece ci possono facilitare. Ognuno di noi può sapere quali sono le une e le altre nel suo caso.

A me, ad esempio, facilita quando sono a contatto con la natura e con gli animali: quando dalla spiaggia osservo l'immensità di un mare immenso o quando dal finestrino dell'aereo il mio sguardo si perde in un cielo senza fine o, ancora, quando guardando le stelle e immaginando l'universo mi sento così piccolo e vulnerabile.

Potrebbe sembrare strano, ma proprio in questi momenti in cui sperimento la piccolezza, la precarietà e la vulnerabilità della mia esistenza provo paradossalmente un rassicurante senso di pace e di appartenenza e mi sento a casa nel mondo; sensazione che personalmente non mi risulta facile provare quando sono preso dalla frenesia del fare quotidiano. C'è bisogno di fermarsi.

Prima dicevo anche del contatto con gli animali: si, quando sono con gli animali è come se entrassi maggiormente in contatto con l'essenza di ciò che sono, senza ruoli, schemi, sovrastrutture… credo che se glielo concediamo, gli animali abbiamo una grande capacità di riportarci all'essenza di quello che siamo.

Quando guardo Domenico (il mio cane) semplicemente "essere", diventa più facile lasciar cadere il superfluo che c'è nella mia vita, tutti quelli che sono falsi problemi, tutto ciò che è "ego" e quando lui mi guarda diventa più facile per me ritrovarmi nel suo sguardo semplicemente per quello che sono e sentire che è sufficiente, che va bene così, che non mi è richiesto essere perfetto.

Qualcosa di molto simile mi capita anche quando guardo gli alberi, i fiori, le montagne e anche quando suono o ascolto una musica che mi arriva al cuore.

e voi?

Probabilmente anche voi avete delle circostanze in grado di farvi provare qualcosa di simile e mi auguro che riusciate a concedevi di dedicargli sufficientemente spazio nella vostra vita.

Ricordiamoci poi che: anche quando non abbiamo la possibilità di vivere fisicamente i momenti che ci facilitano nel tornare a noi stessi e alla nostra essenza, possiamo sempre andare con la mente a queste immagini preziose e fare così ritorno a casa ovunque ci troviamo, un po' come fa Domenico che riesce a fare la cuccia (quasi!) dappertutto.

5.4 "Il Corvo": quando l'amore trascende la morte

Oggi vorrei parlarvi di un film a cui tengo molto e che mi ha accompagnato intensamente negli anni tormentati della mia adolescenza. È un film a tratti a tinte forti, ricco di contrasti ma anche di sfumature, avvolto in una atmosfera dark, tetra e piovosa che in una giornata soleggiata e afosa di agosto come quella di oggi non c'azzecca proprio. Ma certe cose non le decidiamo noi e anche se consapevolmente ho deciso di scrivere di questo film, la mia parte inconsapevole che è regolata da altre leggi mi ha preceduto facendomi incontrare qualche settimana fa il protagonista del film, o chi per lui, in sogno. A quel punto ho deciso di assecondare questa parte inconscia e di concederle liberamente spazio ed espressione. Da qui ha preso forma anche ciò che state leggendo.

Il viso è truccato di bianco, la bocca di nero; una linea nera parte dalla sommità della fronte e arriva fino agli zigomi attraversando entrambi gli occhi ombrati dal trucco e conferisce allo sguardo quell'intensità così sfavillante e penetrante. Il corpo è avvolto in un paio di pantaloni e in una maglia, entrambi consumati e aderenti. Si muove silenzioso e furtivo col favore dell'oscurità, a volte indossa un cappotto e porta con sé una chitarra elettrica che tiene sulle spalle appesa alla tracolla; il tutto sempre di colore nero. Sto parlando del Corvo, un personaggio nato nel mondo del fumetto e poi divenuto popolare grazie alla pellicola che l'ha portato sul grande schermo nel 1994 in cui a interpretarlo era un magnifico Brandon Lee.
Il film parla della storia di Eric Draven, un giovane chitarrista rock che viene ucciso assieme alla compagna Shelly il giorno prima delle nozze da un gruppo di balordi intenti a dare sfogo ai propri istinti perversi durante la notte del diavolo; una sorta di festa di Halloween anarchica in una città sporca e piovosa in cui la perdizione regna sovrana.

Dopo la morte lo spirito di Eric ritorna dall'oltretomba traghettato da un corvo, si incarna nuovamente nel suo corpo e lui risorge forte ed immortale dal sepolcro. Il suo compito è quello di fare giustizia e ripulire la città dal male e dal marciume che la affliggono. Quindi, non tanto un giustiziere assetato di vendetta, ma più che altro un uomo profondamente ferito che cerca di fare il possibile per trovare pace e per rendere la sua città un posto migliore aiutando le persone a prendere in mano la propria vita; come nel caso di Sarah, la ragazzina che viveva con lui e Shelly e con cui entrambi avevano un rapporto fraterno. Solo dopo aver assolto questa missione personale ed esistenziale Eric potrà trovare pace e ricongiungersi per sempre alla sua amata Shelly.

"Un tempo, la gente era convinta che quando qualcuno moriva, un corvo portava la sua anima nella terra dei morti. A volte, però, accadevano cose talmente orribili, tristi e dolorose che l'anima non poteva riposare. Così, a volte ma solo a volte, il corvo riportava indietro l'anima perché rimettesse le cose a posto." (Sarah)

In alcune culture, il corvo imperiale avrebbe la funzione di psicopompo, ovvero quella figura che accompagna le anime dei morti nell'oltretomba e che in alcuni casi, quando il cuore della persona defunta è colmo di rabbia e dolore, ne fa resuscitare l'anima donandole forza ed immortalità per darle modo di sistemare le cose nel mondo dei vivi e tornare poi a riposare serena. Questa è la possibilità che viene data ad Eric Draven.

"Il Corvo" è una sorta di fiaba moderna che, anche se a tratti con violenza, celebra l'amore nella sua essenza più pura: un amore che sconfigge e trascende la morte, un amore in grado di andare oltre il tempo e lo spazio.

"Un palazzo viene dato alle fiamme, tutto ciò che rimane è cenere. Prima pensavo che valesse per ogni cosa, famiglia, amici, sentimenti. Ora so che se l'amore è amore nessuno potrà dividere due persone fatte per stare insieme" (Sarah)

La sensazione che permane durante tutta la storia è quella di una grande rincorsa ad uno sperato ed amato ricongiungimento. Questo è secondo me il cuore pulsante del film che è in grado di raggiungere alte vette poetiche sia aggressive che romantiche.

La dicotomia tra amore e morte è costante per tutto il tempo ed è resa tragicamente ancora più intensa e reale dal fatto che a causa di un incidente avvenuto proprio durante le riprese (una pistola che avrebbe dovuto essere caricata a salve conteneva per errore dei veri proiettili) Brandon Lee perse effettivamente la vita sul set.

Nonostante la tragicità che per diversi motivi avvolge questa pellicola, o forse proprio anche grazie a quella tragicità stessa, "Il Corvo" rappresenta un simbolo di speranza, di ricongiungimento e, paradossalmente, un simbolo di rinascita.

Ci tengo poi ad aggiungere che ciò che Eric riesce a fare con Sarh è qualcosa che si può definire a tutti gli effetti psicoterapeutico: non solo perché aiutando anche la madre di lei riesce a far recuperare loro il rapporto madre-figlia, ma anche perché attraverso la relazione che ha con Sarah riesce come a piantare nel suo cuore un seme di speranza che viene simboleggiato anche dal ritornello di una delle canzoni della band di Eric che lei ascolta nel giradischi. Ll ritornello recita la frase "can't rain all time" (non può piovere per sempre).

Sarah, che non aveva di certo una vita facile, sembra fare suo questo messaggio nonostante tutto ed interiorizza assieme ad esso anche le figure di Eric e Shelly che, seppur non presenti fisicamente perché defunti, divengono delle presenze psichiche interne immortali che la accompagneranno nel cammino di quella che sarà la sua vita; anche in questo caso il corvo ci insegna che l'amore supera tutto.

Arrivato alla fine di questo paragrafo mi rendo conto che anche nel mio sogno c'è stato un ricongiungimento a tutti gli effetti tra me il corvo (e con tutto ciò che esso simbolicamente rappresenta e ha rappresentato) sarà un caso? ...

"Se le persone che amiamo ci vengono portate via, perché continuino a vivere, non dobbiamo mai smettere di amarle. Le case bruciano, le persone muoiono, ma il vero amore è per sempre." (Sarah)

Qui sotto il testo tradotto del brano che chiude il film accompagnando i titoli di coda:
"it can't rain all time" di Jane Siberry

Abbiamo camminato sul sentiero stretto
Sotto il cielo fumante
A volte puoi a malapena trovare la differenza
Tra oscurità e luce
Hai fede
In cosa crediamo?
Il test più vero è quando non possiamo
Non possiamo vedere
Sento i piedi pulsare nella
Nella strada sottostante, e le
E le donne piangere e i
E i bambini sanno che
C'è qualcosa che non va, è
È così difficile credere che l'amore prevarrà
Oh non pioverà per sempre
Il cielo non cadrà per sempre
E se la notte sembra lunga
Le tue lacrime non cadranno per sempre
Oh quando sono sola
Sveglia di notte
E desidero che tu sia qui
Mi manchi
Puoi dirmi

Se c'è altro in cui credere?
O è tutto qui?
Nei piedi pulsanti, nella
Nella strada sottostante, e le
E la finestra si rompe
E una donna cade, c'è
C'è qualcosa che non va, è
È così difficile credere che l'amore prevarrà
Non pioverà per sempre
Il cielo non cadrà per sempre
E se la notte sembra lunga
Le tue lacrime non cadranno
Le tue lacrime non cadranno
Le tue lacrime non cadranno per sempre
L'altra notte ho fatto un sogno
Sei entrato nella mia stanza
Mi hai preso tra le braccia
Sussurrando e baciandomi
E dicendomi di continuare a credere
Finché mi sento al sicuro e al caldo
Mi addormento tra le tue braccia
Oh, puoi sentirmi?
Non pioverà per sempre
Il cielo non cadrà per sempre
E se la notte sembra lunga
Le tue lacrime non cadranno per sempre
Non pioverà per sempre
Il cielo non cadrà per sempre
E se la notte sembra lunga
Le tue lacrime non cadranno
Le tue lacrime non cadranno
Le tue lacrime non cadranno per sempre

5.5 La semplice complessità e la diversa uguaglianza

Ogni giorno prima di andare al lavoro vivo dei piccoli momenti che per me sono molto importanti, alcuni hanno preso oramai la forma di veri e propri rituali a cui tengo molto. Uno di questi è il viaggio in macchina. Durante il tragitto di poco meno di un quarto d'ora ascolto la musica di cui sento aver bisogno in quella specifica giornata e in quel preciso momento. Le possibilità sono moltissime e le mie scelte spaziano ampiamente: vado dalla classica, al rock, alla new wave, alle colonne sonore e chi più ne ha più ne metta…altre volte invece è la musica che "sceglie me" e così capita che al termine di un brano ne parta un altro sconosciuto, che arriva sulla base delle mie preferenze e a volte scopro dei brani meravigliosi di cui ignoravo totalmente l'esistenza.
È stato proprio durante uno di questi viaggi musicali in macchina che ho pensato che le persone sono un po' come la musica, per tanti aspetti.
Mi sono accorto che alla fine sono sempre le stesse le cose che fanno soffrire le persone e che le portano nel migliore ei casi a chiedere aiuto. Non sto parlando di sintomi, quelli sono solo la punta dell'iceberg di situazioni che possono essere anche molto diverse tra loro. Sto parlando di qualcosa che sta più in profondità. Buona parte delle persone che incontro in studio hanno ferite profonde che sono simili e in grande parte sovrapponibili, le stesse che hanno portato anche me nello studio dei terapeuti che ho incontrato sul mio cammino.
Mi sono inoltre accorto che alla fine anche le cose che fanno stare bene le persone sono un po' sempre le stesse e che in realtà a tutti basta poco, ma che quel poco è tanto, così tanto da donare senso ad una vita che altrimenti sarebbe paragonabile ad un vuoto esistere.

Detta così potrebbe sembrare in buona parte una triste constatazione, potrebbe far apparire il mio lavoro e quello dei miei colleghi come monotono, sempre uguale, "sono sempre le stesse cose" e forse per certi approcci psicoterapeutici molto tecnici questo potrebbe anche essere piuttosto vero.

Potrebbe anche suonare come una semplificazione semplicistica castrante l'individualità di ognuno di noi, come a dire: "siamo tutti uguali". Beh, in parte si, lo siamo, ma le cose non stanno proprio del tutto così ed è qui che la metafora musicale secondo me coglie nel segno.

Cosa intendo dire? Pensate alla musica, quante canzoni e brani avete ascoltato o sentito da quando siete su questo pianeta? Anche se non siete appassionati di musica, credo possano essere davvero molti! Pensate a quante emozioni la musica ha fatto risuonare in voi e alle infinite e diverse sfumature emotive che avete colto nell'ascoltare quella che è stata la colonna sonora della vostra vita, quella musica che ha scandito e segnato i momenti emotivamente più pregnanti della vostra esistenza.

Ebbene, quella musica, tutta quella musica è fatta con sole 7 note: infinite combinazioni e variazioni di queste "semplici" 7 note:
DO RE MI FA SOL LA SI

Sono all'incirca sempre le stesse condizioni che creano dissonanze (sofferenze) e sempre le stesse sono quelle che creano consonanze (armonie), ma le combinazioni di tali consonanze e dissonanze sono pressoché infinite.

Vista in quest'ottica un accordo potrebbe essere una personalità o una famiglia, oppure un brano potrebbe essere la storia dell'intera vita di una persona o di una famiglia o di una coppia; "Come suono" e "come suoniamo insieme? "

Ogni incontro è a sé, ogni persona è unica, ognuno è
semplice e complesso allo stesso tempo e ogni percorso
terapeutico è uguale e al contempo diverso dall'altro.

Da chitarrista mi rendo conto che certe combinazioni a
livello armonico non ci stanno, ma so anche che ci sono certi
accordi dissonanti che traggono proprio da quella dissonanza
il loro potere espressivo e spesso sono proprio quelli che
cerco e preferisco.

Quelli che hanno al loro interno una tensione e un'originalità
che mi colpisce e allora anche la dissonanza diviene parte
integrante del tutto fino a promuove la creatività in una
dimensione davvero generativa. So anche che ci sono accordi
perfettamente consonanti, ma la cui espressività mi lascia
come deluso, mi trasmettono poco…

Certe note non possono stare con altre, altre invece trovano
il loro senso e il loro spazio proprio perché nonostante non
possano in teoria starci, di fatto ci stanno e rendono
quell'accordo o quel brano ancora più vivo ed espressivo.

Credo che il confine tra assonanze e dissonanze, nella musica
come anche nelle persone, sia sempre sfumato…il tutto in
un delicato gioco di equilibri e di tensioni unico nella sua
essenza.

Questo è solo un minuscolo assaggio di quella che è "la
semplice complessità e la diversa uguaglianza" della musica e
dell'essere umano…

5.6 Nostalgia: il dolore dolce/amaro del ritorno a ciò che fu [24]

A chi non piacerebbe rivivere nel passato almeno per un po'? Godere di quella sensazione di sicurezza, gioia e leggerezza di quei momenti dell'infanzia al parco giochi, di quelle estati lunghissime durante le vacanze da scuola, di quelle notti di natale così calde, magiche e avvolgenti?

Penso che anche se non tutti noi possiamo dire di aver avuto un'infanzia felice ognuno abbia comunque nel cuore qualche momento speciale a cui tornerebbe volentieri, qualche ricordo (dal latino: 're' indietro e 'cor' cuore; ovvero richiamare al cuore) immerso in quell'atmosfera emotiva così unica e indescrivibile. Ed è proprio quando questi ricordi si affacciano alla nostra coscienza che arriva lei: la nostalgia (dal greco 'nostos', ritorno e 'algos', dolore; ovvero Il dolore del ritorno).

Un dolore spesso dolce-amaro in quanto dato da una fusione particolare tra diverse tonalità emotive; una sorta di dolce tristezza che porta con sé sia l'appagamento per ciò che è stato che il senso di mancanza datoci proprio dal fatto che quello stesso tempo non potrà tornare mai più.

La nostalgia è un sentimento struggente e doloroso ma che allo stesso tempo amplia la visione sulla nostra esistenza restituendoci il tempo dell'infanzia, dell'adolescenza, dei luoghi visitati, delle persone amate…e tutto questo finisce per divenire nel tempo parte di noi stessi.

---

[24] Scritto a dicembre 2020

Riappropriarci qui e ora di qualcosa che è stato là e allora ci aiuta a riunire le nostre parti e a ricomporre quel senso di identità che gli eventi traumatici possono aver frammentato in diverse schegge dolorose. In qualche modo, la nostalgia fa da collante alla nostra identità e ci aiuta a proseguire il cammino recuperando le nostre radici.

Se il momento, l'oggetto o la persona ricordata non possono tornare più, possiamo comunque rincontrarli nella memoria finendo così per vivere un tempo che è come se si sdoppiasse in due linee temporali differenti che si intrecciano dando vita ad una dimensione temporale sfumata e sospesa.

A questo proposito Proust scrive

"(…) basta che un rumore, un odore già sentito o respirato un'altra volta, lo siano di nuovo, a un tempo nel presente e nel passato, reali senza essere attuali, ideali senza essere astratti"

Queste invece le parole di Pessoa…

"C'è qualcosa di lontano in me, in questo momento. Sto sulla terrazza della mia vita ma non si tratta esattamente di questa vita. Mi trovo sopra la vita e dal mio punto di osservazione la osservo. Essa si estende sotto il mio sguardo, in terrazzi e declivi, come un paesaggio diverso, fino al fumo delle case bianche dei borghi della vallata. Chiudendo gli occhi continuo a vedere, proprio perché non guardo.
Se li apro non vedo più niente, perché non vedevo. Mi sento tutto una nostalgia vaga, non del passato o del futuro, ma una nostalgia del presente, anonima, prolissa e incompresa"

Questa è secondo me la "magia" della nostalgia. La sensazione che si prova di fronte a una vecchia foto, nel vedere un film della nostra infanzia, nel rincontrare un vecchio compagno di scuola non si esaurisce nello spazio di un momento, ma fa da ponte tra ciò che eravamo e ciò che siamo, regalandoci la sensazione che la nostra vita abbia avuto un senso, che sia stata carica di esperienze ed emozioni nel bene e nel male, che sia stata una vita degna di essere stata vissuta.

"Allargando lo zoom" ultimamente ho notato quanto la nostalgia abbia un ruolo centrale non solo a livello soggettivo ma anche a livello collettivo nella nostra cultura.
Solo per citare alcuni esempi: sono molti i film che si rifanno a epoche passate, le piattaforme di intrattenimento digitale continuano ad inserire i grandi classici nelle loro programmazioni, diverse serie tv attuali vengono ambientate nel passato per far rivivere agli spettatori quelle atmosfere e quegli oggetti che popolavano le loro infanzie e adolescenze, moltissimi sono i gruppi social che ruotano attorno agli oggetti di culto e ai giocattoli degli anni 80, il ritorno del vintage tocca tantissimi ambiti, dalla moda alla musica... e la lista potrebbe andare vanti ancora per molto.

La nostalgia, sia a livello soggettivo che nella sua dimensione collettiva, si configura come una grandissima risorsa per noi perché tranne quando degenera in altro, ad esempio prendendo la deriva del rimpianto e del rimorso divenendo così una chiusura regressiva che comporta un disinvestimento nei confronti del presente e del futuro, rappresenta quella dimensione affettivo/temporale in grado di ricordarci chi siamo stati ieri e chi siamo oggi, dandoci al contempo quel conforto che ci consente di guardare a chi saremo nel futuro, con fiducia e speranza.

Anche in questo caso siamo di fronte a due temporalità apparentemente lontane, il passato della nostalgia e il futuro della speranza, che si incontrano in una terza temporalità, il presente, che allarga in questo modo i propri orizzonti e diviene come tridimensionale, ovvero: il presente di chi vivendo ricorda e allo stesso tempo guarda avanti.

È vero, la nostalgia instaura un paragone infelice tra passato e presente ma ci ricorda anche che ciò che è esistito in passato può, anche se in forma diversa, esistere ancora. È un confortante tornare a casa in sé stessi e nella propria storia.

…a proposito di nostalgia, mentre scrivo questo paragrafo siamo nel periodo natalizio…

c'è chi lo ama, chi lo odia, chi lo ha amato e ora lo relega rigidamente nel mondo dell'infanzia, chi lo vive come una festa consumistica, chi lo celebra dal punto di vista religioso, fino a d arrivare a chi lo ha amato ed ora non lo sopporta più. Ma raramente il periodo natalizio ci lascia indifferenti.

Credo che ciò avvenga perché il natale ha la capacità di farci sentire in modo più intenso quello che c'è, ma anche quello che non c'è. Quello che prima c'era ma ora non c'è più; spesso è questo il motivo principale per cui chi lo ha tanto amato in passato ora lo sopporta a stento.

Anche le circostanze che spesso molti di noi sono chiamati a vivere in questi giorni come ad esempio i pranzi e le cene in famiglia è come se parlassero e ci rivelassero cosa c'è e cosa no, cosa c'era e cosa non c'è più, come anche chi c'è e chi non c'è più, talvolta per cause di forza maggiore, altre volte per scelta.

In parte alle famiglie che si ritrovano e godono di un autentico e caloroso affetto ci sono anche famiglie negazioniste dal punto di vista affettivo che scimmiottano (spesso inconsapevolmente, anche se non sempre) un'artificiosa armonia familiare.

Queste famiglie si impegnano nel comporre un improbabile quanto grottesco quadretto natalizio ben addobbato al quale qualcuno, consapevole della realtà affettiva della propria famiglia, si trova suo malgrado e faticosamente a partecipare. (a queste persone va tutta la mia vicinanza).
Il natale può renderci nostalgici perché ci fa sentire di più la presenza e talvolta, la presenza, è proprio presenza dell'assenza. Questa può avere diverse sfumature emotive che vanno dalla gioia di un ricordo che riempie il cuore, passano nel mezzo da una dolce malinconia per ciò che è stato o che avrebbe potuto essere, fino ad arrivare al dolore intenso di un vuoto che può sembrarci incolmabile.
Oggi, che a tutto questo si aggiunge anche la drammatica cornice globale della pandemia, il mio pensiero va in particolare a coloro ai quali il natale amplifica la presenza dell'assenza in modo doloroso. Con l'augurio di poter trovare comunque e nonostante tutto uno spiraglio di luce capace di donare senso a quello che c'è e una speranza in quello che potrà esserci.
Buon natale.

È Natale ogni volta che sorridi a un fratello e gli tendi la mano.

È Natale ogni volta che rimani in silenzio per ascoltare l'altro.

È Natale ogni volta che non accetti quei principi che relegano gli oppressi ai margini della società.

È Natale ogni volta che speri con quelli che disperano nella povertà fisica e spirituale.

È Natale ogni volta che riconosci con umiltà i tuoi limiti e la tua debolezza.

Madre Teresa di Calcutta

2

DUMPLINGS
(QUALCHE PERLA ORIENTALE)

6.1 Cosa dovrei fare per essere felice?

Capita che ci chiediamo "cosa dovrei fare per essere felice?" e magari ci sforziamo per trovare modi per raggiungere la felicità, che poi nella nostra cultura è un concetto che è stato totalmente snaturato ed è praticamente diventato sinonimo di successo/eccitazione/assenza di sofferenza.

Sentiamo cosa ne pensa De Mello[25] (psicoterapeuta indiano) di questa domanda...

---

[25] De Mello, A. (2016) Messaggio per un pesciolino che ha sempre sete.

Piemme

"(...) Non fai nulla per essere felice (...) Non potete acquisire la felicità. Sapete perché? perché ce l'avete già. Ce l'avete proprio ora, ma continuate a ostacolarla (...) Smettete di farlo e la otterrete.

Beh, lapidario come spesso lui sa ben fare, ma sicuramente, per quanto mi riguarda, colpisce nel segno..

I cinesi esprimono questo concetto in modo meraviglioso:

Se l'occhio non è bendato il risultato è la vista.

Se l'orecchio non è coperto, il risultato è l'udito.

Se la bocca non è serrata, il risultato è il gusto.

Se la mente non è chiusa, il risultato è la verità.

E se il cuore non è prigioniero, il risultato sono la gioia e l'amore.

Avete tutto, ma non è libero. Smettete di fare così.

Forse più che chiederci cosa dobbiamo fare per essere felici ha più senso chiederci cosa sta tenendo prigioniero il nostro cuore ostacolando la nostra felicità. Possono sembrare due domande quasi uguali, ma sottendono una grandissima differenza: la prima domanda è figlia di una concezione carenziale che ci dice che bisogna aggiungere qualcosa a noi o alla nostra vita; l'altra, al contrario, ci suggerisce che basta togliere ciò che ostacola e lasciare che le cose accadano.

A proposito, ora penso che potrei andare avanti a scrivere molto altro ancora ma forse è abbastanza così.

6.2 Buddha e il lago

Una volta il Buddha stava camminando da una città ad un'altra con un po' dei suoi discepoli. Mentre stavano viaggiando, raggiunsero un lago. Si fermarono lì e il Buddha disse ad un suo discepolo "sono assetato; potresti darmi un po' d'acqua di questo lago?"

Il discepolo camminò lungo il fiume, quando si avvicinò si accorse che proprio in quel momento un carretto trainato da un bue stava attraversando il lago. Come risultato, l'acqua era diventata molto torbida e fangosa. Il discepolo pensò "come posso dare quest'acqua torbida da bere a Buddha?"

Quindi tornò indietro e gli disse "l'acqua è molto torbida non penso sia il caso di berla". Dopo circa mezz'ora, Buddha chiese ancora allo stesso discepolo di tornare al lago e prendergli un po' d'acqua da bere. Il discepolo obbedì e tornò al lago.

Anche questa volta trovò l'acqua fangosa, tornò indietro e lo informò della cosa. Dopo un po' di tempo, Buddha chiese di nuovo allo stesso discepolo di tornare al lago. Il discepolo trovò il lago pulito e l'acqua estremamente limpida e pura. Il fango era sceso sul fondo e l'acqua in superficie sembrava perfetta per essere bevuta.

Così raccolse un po' d'acqua in un recipiente e la portò al Buddha.

Egli guardò l'acqua e poi rivolgendosi al discepolo gli disse "guarda cos'ha reso l'acqua pulita. Hai lasciato fare…e il fango si è depositato da solo sul fondo e tu hai potuto prendere dell'acqua pura. Anche la tua mente è come questo lago. Quando è disturbata lasciala stare, dagli un po' di tempo e si calmerà da sola. Non devi sforzarti per calmarla, accadrà senza sforzo."

E nella nostra vita quali sono i "carretti" che ci attraversano?

Cos'è il nostro "fango"?

Il carretto che attraversa il lago potrebbe essere qualcosa che ci è accaduto, qualcosa che ci è stato detto, qualsiasi cosa che ci ha turbato; il fango che si smuove sarebbe invece la nostra conseguente risposta emotiva a quell'evento che potrebbe offuscare la nostra lucidità, ad esempio: emozioni forti difficili da gestire o pensieri non utili che prendiamo sul serio e che ci tormentano.

Imparare a stare con quello che c'è qualunque cosa sia, saper attendere senza scappare e senza agire, non seguire l'impulso prendendo decisioni quando la nostra mente è offuscata; queste sono capacità che possiamo apprendere ed incrementare attraverso la mindfulness[26], che possono fare una grande differenza nella nostra vita.

Questa storia trasmette bene la natura della mente. Il meglio di sé lo da quando è calma. La consapevolezza e l'accettazione di quello che c'è possono aiutarci a lasciare che il fango si depositi sul fondo e far si che dalla nostra mente calma e limpida nasca un'azione sostenuta dai nostri valori.

---

[26] Meditazione laica efficace nel promuovere consapevolezza e nel ridurre lo stress

6.3 L'invidia e il paradosso dello spaccapietre

Quello che segue è un piccolo racconto, una grande lezione di umiltà, capace di farci riflettere, da tenere a mente quando proviamo invidia, quando pretendiamo sempre e affannosamente di più da noi stessi e dalla nostra vita, quando sembra che nulla ci basti, quando sembra che tutti siano più felici di noi.

C'era una volta un povero spaccapietre che col sole o con la pioggia passava la giornata a spezzar sassi sul ciglio della strada.

«Ah, se potessi essere un gran signore», pensò un giorno, «mi riposerei finalmente». C'era per aria un Genio, che lo udì. «Sia esaudito il tuo desiderio!», gli disse.

Detto fatto. Il povero spaccapietre si trovò di colpo in un bel palazzo, servito da uno stuolo di domestici. Poteva riposare a suo agio...

Ma un giorno lo spaccapietre ebbe l'idea di levar gli occhi al cielo, e vide ciò che forse non aveva guardato mai: il Sole!

«Ah, se potessi diventare il Sole!», sospirò. «Non avrei neppure il fastidio di vedermi intorno tutti quei domestici».

Anche questa volta il Genio buono lo volle far contento: «Sia come vuoi!», gli disse.

Ma quando l'uomo fu diventato il Sole, ecco che una nube venne a passargli innanzi, offuscando il suo splendore.

«Potessi ess ere una Nuvola!», pensò. «Una nuvola è persino più potente del Sole».

Ma esaudito che fu, soffiò il Vento, che ridusse a brandelli le nuvole nel cielo.

«Vorrei essere il Vento che travolge ogni cosa!». E il Genio compiacente di nuovo lo esaudì. Ma, divenuto Vento impetuoso e violento, incontrò la Montagna che resiste anche al Vento. Trasformato in Montagna, si accorse che qualcuno gli spezzava la base a colpi di piccone.

«Ah, poter esser quello che spezza le montagne!». E per l'ultima volta, il Genio lo esaudì.

Così lo Spaccapietre si ritrovò di nuovo sul ciglio della strada, nella sua prima forma di umile operaio. Né mai d'allora in poi si lagnò più.

Questo bellissimo racconto ci ricorda anche che tutto è relativo, che forse non c'è nulla che ci manchi, che le cose cambiano continuamente e sono costantemente in un rapporto circolare.

6.4 "Quello che sono è sufficiente se solo riesco ad esserlo" (Carl Rogers)

Ancora una storia…

Un grande re ricevette in omaggio due pulcini di falco e si affrettò a consegnarli al maestro di falconeria perché li addestrasse. Dopo qualche mese, il maestro comunicò al re che uno dei due falchi era perfettamente addestrato. «E l'altro?» chiese il re.

«Mi dispiace, sire, ma l'altro falco si comporta stranamente; forse è stato colpito da una malattia rara, che non siamo in grado di curare. Nessuno riesce a smuoverlo dal ramo dell'albero su cui è stato posato il primo giorno.

Un inserviente deve arrampicarsi ogni giorno per portargli il cibo».

Il re convocò veterinari e guaritori ed esperti di ogni tipo, ma nessuno riuscì a far volare il falco. Incaricò del compito i membri della corte, i generali, i consiglieri più saggi, ma nessuno poté schiodare il falco dal suo ramo.

Dalla finestra del suo appartamento, il monarca poteva vedere il falco immobile sull'albero, giorno e notte. Un giorno fece proclamare un editto in cui chiedeva ai suoi sudditi un aiuto per il problema. Il mattino seguente, il re spalancò la finestra e, con grande stupore, vide il falco che volava superbamente tra gli alberi del giardino.

«Portatemi l'autore di questo miracolo» ordinò. Poco dopo gli presentarono un giovane contadino.

«Tu hai fatto volare il falco? Come hai fatto? Sei un mago, per caso?» gli chiese il re. Intimidito e felice, il giovane spiegò: «Non è stato difficile, maestà… Io ho semplicemente tagliato il ramo. Il falco si è reso conto di avere le ali ed ha incominciato a volare!»

Il falco di questa storia non riusciva ad essere un falco, ad incarnare le caratteristiche di cosa realmente fosse, fino a che non ha più avuto l'appoggio del suo ramo.

Semplificando e stando nella metafora potremmo considerare il giovane contadino come un ottimo terapeuta, anche se in ultima battuta siano sempre e solo noi stessi a poter o meno tagliare i nostri rami.

Sicuramente serve coraggio per tagliarli, in particolare quelli delle nostre convinzioni su noi stessi, quelli dei condizionamenti che abbiano ricevuto dall'esterno...ma questo può metterci in quelle condizioni che possono rivelarci chi siamo davvero, il nostro vero Sé, e farci accorgere, spesso con stupore ed inaspettatamente, di essere in grado di prendere il volo.

7

RAMEN

(NON SPRECHIAMO LA NOSTRA VITA)

7.1 Irrequietezza

Siamo nell'era dell'irrequietezza, viviamo nell'era del dover risparmiare tempo, del non perdere tempo e poi, spesso paradossalmente, di quel tempo non sappiamo che farcene e magari cadiamo in preda alla noia e della necessita irrequieta di dover far qualcosa, spesso per riempire un vuoto, ancora più spesso per distrarci da noi stessi e dalla nostra vita.

Molti di noi vivono trascinati dal trambusto, dalla frenesia e arrivano ad essere esausti fino a crollare a pezzi per poi ricominciare da capo tutto il tran tran della propria quotidianità e se si fermano è solo perché delle circostanze esterne glielo impongono: una coda in macchina, una fila in posta, o un malanno fisico che li obbliga ad uno stop forzato.

È come se la lentezza e il silenzio fossero in un certo senso spariti ed è paradossale che a questa frenesia data dalla percezione di non avere tempo, che poi ci porta a fare di tutto per risparmiarlo, corrisponda poi la sensazione diffusa che il tempo ci sfugga di mano, che non sia mai abbastanza. Tutto ciò ci rende irrequieti.

Siamo talmente abituati alla velocità che oggi sembra che chi va lento stia come rubando tempo e debba quindi sentirsi in colpa; l'imperativo è essere veloci e far "rendere" il tempo.

Siamo pieni di tecnologie per "fare prima", dal mondo dei trasporti a quello degli elettrodomestici a quello dell'informatica a quello dell'industria…le nostre vite durano quasi il doppio di quanto durassero quelle di chi ci ha preceduto 100 anni fa, eppure, nonostante tutto questo, sembra sempre che il tempo non basti mai e che sia sempre meno. Qualcosa non torna…

E se fosse la velocità a sottrarci il tempo?

e se, di converso, fosse la lentezza a potercelo donare?

Questo è quanto ci suggerisce il paradosso di Momo. Provo a rendere l'idea con un breve aneddoto in cui vi parlo di due viaggi differenti.

Poniamo che due persone, partendo dallo stesso posto, debbano raggiungere la stessa destinazione. La prima utilizza un mezzo risparmia tempo (l'automobile) e una strada risparmia tempo (l'autostrada) e durante il viaggio utilizza un dispositivo risparmia tempo (lo smartphone) e che, tra telefonate, controlli alla mail, social network e messaggi, fa sì che raggiunga la sua meta quasi senza nemmeno accorgersene.

L'altra persona prepara lo zaino e si mette in cammino attraverso sentieri che gli fanno attraversare un bosco meraviglioso al termine del quale si apre una valle ampia e variopinta. Proseguendo, la fame si fa sentire e camminando trova un'accogliente osteria nella quale si concede di assaporare un pasto gustoso e rifocillante.

Dopo pranzo si rimette in cammino e arriva in un punto panoramico dove trova una fontana, prende un po' di acqua nelle mani, ci si bagna la fronte, l'acqua è limpida e fresca e si disseta bevendone un po'.

In parte alla fontana c'è una piccola chiesa, ci entra, chiude il portone di legno lasciandoselo alle spalle e si raccoglie in un attimo di silenzio nel quale prende contatto con sé stesso e contemporaneamente con qualcosa che trascende sé stesso. Uscito dalla chiesa il suo viaggio prosegue, il sole inizia a calare e pian piano a tingere di un rosso caldo il cielo, gli alberi e tutt'intorno. Verso sera arriva in un piccolo paesino di meno di un centinaio di anime, dal silenzio si possono cogliere i suoni provenienti dalle case e dalle piccole botteghe, mentre il tempo è scandito dal suono delle campane che segnano lo scoccare delle ore (il silenzio non è dove non sentiamo niente ma dove possiamo sentire tutto!).

Stanco dei chilometri percorsi decide allora di fermarsi in una piccola pensione per la cena e il pernottamento. La mattina seguente si rimetterà in cammino ed entro pranzo raggiungerà la sua meta.

Ora veniamo al nostro paradosso di Momo:

chi dei due viaggiatori ha guadagnato tempo?

Quale ha preso tempo?

Quale ha invece perso tempo?

Quello che è andato veloce o quello che è andato lento?

Beh dipende da che tipo di tempo stiamo parlando.

Per l'uomo moderno il tempo è trasformato in merce e produzione. Probabilmente il primo viaggiatore ha concluso qualche affare nella sua giornata e guadagnato dei soldi. Ma qual è l'effetto di tutto questo? lo scomparire del tempo dell'esistenza, il tempo di vita, il tempo più prezioso che "abbiamo".
Ora, non sto dicendo che non sia utile o sensato utilizzare quelle tecnologie che ci consentono di "fare prima", sto parlando invece della possibilità di non farci travolgere da tutto questo, di non farlo diventare inconsapevolmente il nostro stile di vita e quindi parlo della possibilità di scegliere, quando vogliamo, di lasciarci alle spalle il ritmo, a mio avviso disumano, al quale sembriamo essere tutti chiamati a vivere oggi.

Abbiamo poco tempo?

rallentiamo e anziché perderlo scopriremo di ritrovarlo…e chissà, forse quel senso di irrequietezza lascerà spazio pian piano ad un senso di maggiore quiete.

7.2 Per un domani ontologico[27]

Abbiamo appena attraversato un anno molto particolare e quello che arriverà non sappiamo come sarà. Certe cose non dipendono da noi, altre si. Sulle prime l'unico potere che abbiamo è quello di scegliere come viverle. Per quanto riguarda le altre, invece, sta tutto potenzialmente nelle nostre mani. A volte, per accorgerci di questo, abbiamo bisogno di un'esperienza di risveglio che frequentemente è generata da qualcosa che irrompe prepotentemente nella nostra vita. Spesso si tratta di qualcosa di destabilizzante come una malattia, un incidente, una perdita, la fine di una relazione, la scoperta di un tradimento…a quel punto può capitare che, almeno per un po', tutto si ridimensioni, le questioni della vita che sembravano essere problemi insormontabili vengono ridimensionate e tornano ad essere semplicemente quello che sono. C'è un ritorno all'essenziale, un ritorno alle cose davvero importanti e crollano le barriere e le impalcature egoiche e narcisistiche.
Ci si ritrova ad essere semplicemente esseri umani tra altri esseri umani, tutti che funzionano alla fine in modo simile, tutti che cercano di essere a loro modo felici.
Non scordiamoci che ogni esperienza di dolore è sempre potenzialmente anche un'esperienza di risveglio e di crescita, a patto che venga accolta nel suo potenziale generativo e creativo. Ciò vale sia a livello collettivo che a livello soggettivo e in questo periodo, a livello collettivo, la destabilizzazione dataci dalla pandemia ci ha offerto una possibile esperienza di risveglio, anche se perlopiù non sembriamo averla colta.
È che di solito non ci pensiamo, ma la nostra vita è così fragile, così precaria…un attimo ci siamo e l'attimo dopo non ci siamo più.

----

[27] Scritto a gennaio 2021

Lo stesso dicasi per gli altri, per le persone che occupano uno spazio speciale nel nostro cuore; basta un attimo e tutto cambia.

Credo che continuare a pensare a questa precarietà sarebbe un po' come continuare a fissare il sole: finirebbe per accecarci, come dice Yalom[28]. Ma dimenticarcene del tutto, rigettandola totalmente nell'inconscio e quindi al di fuori dalla nostra consapevolezza, finirebbe col farci correre il rischio di non vivere appieno i momenti, le relazioni, in definitiva la nostra stessa vita. Forse perché è proprio la finitudine della vita stessa che può portarci a darle ancora più valore.

Ma anche senza aspettare che accada qualcosa di destabilizzante, forse ha senso fermarsi un attimo e chiedersi

"come sto vivendo?"

A questo proposito, il secolo scorso, il filosofo tedesco Heideggher parlava di due modalità dell'esistenza, una quotidiana e una ontologica: quando viviamo nella prima modalità diamo per scontate molte cose, ci dimentichiamo di essere e ci ritroviamo completamente assorbiti da quello che ci accade. In questo assetto mentale è come se avessimo il pilota automatico inserito e la nostra attenzione si volge spesso verso distrazioni effimere quali l'aspetto fisico, lo status sociale, i beni materiali, tutte cose in grado di "proteggerci" distraendoci da noi stessi, dalla nostra vita e dalla nostra finitezza in quanto esseri umani.

---

[28] Yalom, D. (2017) Fissando il sole. Neri Pozza

Quando invece viviamo nella seconda modalità, quella ontologica, ci accorgiamo di essere e apprezziamo il miracolo sia del nostro essere al mondo che dell'esserci del mondo stesso. Siamo più consapevoli della nostra esistenza come anche della nostra mortalità; siamo più consapevoli delle caratteristiche mutevoli della vita come anche di quelle immutabili.

Spesso questo può renderci in un certo senso più ansiosi, ma anche più pronti ad operare coraggiosamente quei cambiamenti che sentiamo necessari per vivere appieno. Questo perché la dimensione ontologica ci riporta faccia a faccia con la responsabilità della nostra esistenza e ci toglie dalla "comoda" stagnazione di una vita che procede come per inerzia o che gira su sé stessa nel circolo vizioso del lamento e del vittimismo.

Il punto è che tutto ciò può potenzialmente scaraventarci nell'angoscia data paradossalmente proprio dalla libertà che, anche se apparentemente molto desiderata, in realtà spaventa e angoscia moltissimi di noi.

Libertà significa anche capacità di scelta e "scegliere", oltre a richiedere una buona capacità di contatto con sé stessi, che in un'esistenza quotidiana (quindi non ontologica) ci è in gran parte preclusa, significa sempre dire di si a qualcosa e inevitabilmente no a qualcos'altro.

Molti di noi si trovano paralizzati di fronte alla libertà e alla responsabilità di scegliere e "scelgono" (inconsciamente) di far scegliere agli altri o alle circostanze; oppure, "scelgono" di far scegliere alla paura, ma non a quella che ci salva, bensì a quella che ci impedisce di entrare pienamente nella vita. Queste vite proseguono tendenzialmente piatte, equilibrate nel loro grigiume, appaiono come predestinate ed in un certo senso lo sono davvero…vite come devitalizzate, in quanto chi le vive non si è preso la responsabilità della propria esistenza.

Siamo qui ora e il nostro compito è far si che questo "essere qui ora" sia il più possibile in linea con i nostri desideri più profondi: che possiamo essere le persone che desideriamo essere, che possiamo vivere la vita che desideriamo vivere.

7.3 Sul desiderio: il giudizio universale e la sovversione della legge

Recentemente ho visto un interessante intervista alla tv in cui un Recalcati (psicanalista contemporaneo) cita il seminario 7 di Lacan[29] (psicoanalista del secolo scorso) che lo vedeva immaginare cristianamente il giudizio universale.

Mi permetto di farne una piccola vignetta per renderne meglio l'idea:

si tratta una sorta di tribunale in cui viene chiesto ad ognuno se ha saputo rinunciare ai propri desideri per adeguarsi alla legge (in senso simbolico) e ai propri doveri. Sulla base di ciò saranno poi aperte da Dio le porte del paradiso o quelle dell'inferno.

Il primo uomo arriva e dice di aver onorato il padre e la madre, di aver seguito le varie leggi, di essere stato molto altruista e così via...Dio lo ascolta con attenzione e poi gli chiede: "hai tu agito in conformità alla legge del desiderio che ti abita?" e lui risponde: "no, anzi, ho represso i miei desideri in nome della legge e mi sono sacrificato per il bene altrui..." a questo punto Dio gli dice: "allora sei in peccato" e apre le porte dell'inferno.

L'uomo rimane sconvolto e pensa: "ma come?? mi hanno sempre insegnato che da una parte c'è la legge e dall'altra, in contrapposizione, il desiderio e ora chi mi giudica mi chiede se sono stato conforme alla legge del mio desiderio?!?"

---

[29] Lacan, J. (1959-1960) Il seminario. Libro VII. L'etica della psicoanalisi

La reazione di quest'uomo e ben comprensibile perché non ci è stato quasi mai, o addirittura mai, passato il messaggio che la legge e il desiderio possano coincidere, anzi, tutt'altro, una visione rigida e moralistica ce li ha sempre mostrati in netta contrapposizione, un po' come nel caso del dovere e del piacere.

Ma qual è il senso di tutto questo? che l'unica forma della legge è il desiderio stesso; che non c'è la legge contro il desiderio, ma il desiderio stesso è la forma più radicale della legge.

Questo ribalta tutto perché significa che trasgrediamo la legge nella misura in cui rinunciamo al desiderio che portiamo nel nostro cuore. Quindi, il vero peccato è girare le spalle alla legge del nostro desiderio, ovvero, non agire nella nostra vita in conformità ad esso. Questo è il peccato più grande.

Cosa ne abbiamo fatto della nostra vita?

E dei nostri talenti?

Abbiamo fatto in modo che generassero dei frutti o li abbiamo sacrificati in nome della legge?

Abbiamo fatto di tutto per realizzare la nostra vocazione o abbiamo tradito noi stessi e il nostro desiderio per non tradire l'altro?

Il desiderio in quest'ottica non è inteso come il fare tutto ciò che si vuole, tantomeno come un capriccio o una trasgressione. Il desiderio da questa prospettiva diventa un impegno, una vocazione da onorare. Perché quando viviamo senza ascoltare la voce del nostro desiderio ci ammaliamo.

La malattia psichica e in diversi casi anche quella fisica ci segnalano la lontananza che c'è tra noi e il nostro desiderio, tra noi e la nostra vocazione. Il desiderio è indistruttibile e se non lo ascoltiamo continua a chiamarci, prendendo la forma dei sintomi.

Spesso capita che non sappiamo ascoltare la voce del nostro desiderio perché veniamo da una storia di vita in cui non siamo stati riconosciuti e valorizzati nella nostra essenza e ciò ci ha portato poi a cercare di colmare tale carenza soddisfacendo le richieste degli altri con la speranza e l'aspettativa irrealistica e inconscia che, a quel punto, l'altro, da noi soddisfatto, finalmente ci avrebbe riconosciuto. Tutto questo avviene al di fuori dalla nostra consapevolezza, non si tratta affatto di un piano prestabilito e attuato con volontà cosciente.

La conseguenza? È che finiamo per essere così occupati a compiacere i genitori, il partner, il datore di lavoro, etc…che finiamo per perdere il contatto proprio con quella parte autentica in cui abita il nostro desiderio.

Inoltre, il riconoscimento tanto sperato poi non arriva nemmeno e, qualora dovesse anche arrivare, sarebbe comunque uno pseudo-riconoscimento, in quanto condizionato dal fatto che siamo stati dei "bravi bambini" rispondendo al desiderio dell'altro.

Come se non bastasse, la fonte di questo eventuale pseudo-riconoscimento è esterna a noi;

cosa significa? che dipenderemo dall'altro nel darci valore e riconoscimento. Quando la vita si riduce a questo finiamo per vivere per l'altro, ma non nel senso della donazione, nel senso del sacrifico masochistico: sacrifichiamo il nostro desiderio, con tutta la sua vitalità intrinseca, sull'altare del riconoscimento dell'altro, che ha il potere sia di elevarci che di abbatterci.

Quanti sono i giovani che si scontrano con i progetti che i genitori hanno già imbastito per loro?

Quante sono le persone che si adattano passivamente alle decisioni dei partner?

Ricordiamoci che egoista non è colui che segue in modo anche determinato il proprio desiderio ma colui che impone il proprio desiderio all'altro. Eppure, ci sono molte persone che solo all'idea di agire in linea con i propri bisogni si sentono egoiste. In tutti questi casi non c'è spazio per far emergere la tendenza attualizzante e con essa la forza del desiderio.

Questo non significa che non ci siano speranze perché, anche se le condizioni ci sono state avverse e abbiamo perso il contatto con noi stessi, possiamo sempre imparare a decifrare la lingua ormai divenuta sconosciuta del nostro desiderio che continua, nonostante tutto, a comunicare con noi, anche se in forma cifrata, attraverso i sogni, le nostre sensazioni e i sintomi stessi.
Ognuno di noi ha il bisogno primario di conoscersi, esprimersi, realizzarsi, in una parola: di fare spazio alla propria tendenza attualizzante e al proprio desiderio.

*Il desiderio è una spinta che allarga il nostro orizzonte e
quello della nostra vita
è un fuoco sempre acceso dentro di noi
che aspetta solo di poter risplendere*

IL BISCOTTO DELLA FORTUNA
Tsujiura senbey

Siamo arrivati alla fine, magari qualcuno sarà arrivato qui leggendo il libro fin dalla prima pagina, qualcun altro leggendolo in modo sparso e altri ancora potrebbero stare per partire proprio da qua. Per chi è arrivato a questo punto avendo già fatto qualche assaggio mi auguro che almeno uno di questi possa avervi lasciato qualcosa di buono e che questo biscotto della fortuna possa concludere il tutto lasciando un buon sapore in bocca e, magari, anche un principio di desiderio nel cuore.

Per chi parte da qui dico invece che va benissimo comunque! Il libro stesso è nato, senza volerlo, proprio dalla fine. Questo forse ci dice che a volte bisogna paradossalmente partire dalla fine per iniziare, un po' come quando dobbiamo sciogliere un nodo. Ci dice anche che forse a volte bisogna paradossalmente partire dalla fine per ricostruire, per mettere insieme i pezzi… un po' come quando per fare un puzzle partiamo dai bordi.

Io non pensavo di scrivere questo piccolo libro, semplicemente ha preso forma da sé strada facendo. Anche questo ci dice qualcosa: che a volte bisogna lasciare che le cose accadano, il che non significa rimanere passivi ma rimanere aperti e non ostinarci, non sforzarci.

Ogni paragrafo è nato singolarmente e spontaneamente sulla base del mio umore e di come mi sentivo di volta in volta in questi mesi così particolari. Solo successivamente mi sono reso conto che ognuno mi sembrava collegarsi con gli altri e quindi ho iniziato un lavoro di ricongiunzione delle parti.

Ad ora realizzo che è qualcosa di molto simile a ciò che ho fatto e continuo a fare con me stesso, oltre ad essere qualcosa che ogni giorno mi accingo a fare con le persone che incontro in studio. Ed è proprio a loro che va tutta la mia gratitudine perché il contenuto di questa bento box è nato in buona parte anche grazie ai nostri incontri. Avermi concesso il privilegio di partecipare alla condivisione di frammenti così preziosi ed emotivamente significativi della loro vita, ha fatto sì che quegli stessi frammenti, risuonando al mio interno, divenissero anche fonte di apprendimento e d'ispirazione.

Grazie.

Bibliografia

Bowlby, J. (1988), Una base sicura, Milano, Cortina, 1989

Bucay, J (2016) Déjame que te cuente. Ed Bolsillo

De Mello, A. (2016) Messaggio per un pesciolino che ha sempre sete. Piemme

Hanh, T.N. (1993) La pace è ogni passo. La via della presenza mentale nella vita quotidiana. Astrolabio

Lacan, J. (1959-1960) Il seminario. Libro VII. L'etica della psicoanalisi

Miller, A. (1983) Das Drama des begabten Kindes und die Suche nach dem wahren Selbst. Trad.it. Il dramma del bambino dotato e la ricerca del vero sé, Bollati Boringhieri editore, Torino, 2008

Pirsig, R (1990) Lo zen e l'arte della manutenzione della motocicletta. Gli Adelphi

Rogers C.R. (1951), Terapia centrata sul cliente, Roma, La Nuova Italia Scientifica, 1997

Terzani, T. (2004) Un altro giro di giostra. Longanesi

Winnicott, D. (1975) Il bambino e la famiglia, trad. Fulvia Kanizsa, Firenze: Giunti e Barbera

Yalom, D. (2017) Fissando il sole. Neri Pozza

www.ingramcontent.com/pod-product-compliance
Lightning Source LLC
Chambersburg PA
CBHW031236250726
48655CB00005B/1984

Break Those Chains

The Ultimate Guide To Break Free From Porn And Masturbation Addiction.

INNERNOPMO

ISBN: 9798692575340